為何
我們總是想得太多，
卻做得太少？

高原——著

推薦序

為何別人成功了，我卻不能？

李維文（旅美華人／資深公共關係培訓專家／暢銷書作家）

這並非一本教會你「如何在短期內迅速成功」的書——類似的書籍已經太多了，不是嗎？問題是，當所有人都夢想成功時，你要如何在殘酷的競爭中脫穎而出呢？本書作者是潛能開發及自我提升領域的專家，他在書中提出幾個至關重要的問題，並從「簡化思考」和「加強行動效能」的角度告訴我們：與其坐在家裡思考成功的捷徑，不如鼓起勇氣打破現狀。作者認為，我們應該思考和調整自己實現目標和對待成功的方式，而非忙著制定那些宏偉的目標。

更為重要的是，本書強調且倡導：一個人應該具備最基本的行動力。如果你懂得很多，但卻一事無成，你一定想知道原因：「為何別人成功了，我卻不能？」人們辛苦的學習知識，掌握工作的技能，都希望能夠改善生活，實現價值，並且在這個世界留下屬於自己的獨特印記。

這是屬於所有人的理想。但多數人真正做起來後，卻發現事情並沒有那麼簡單——雖然他們才華橫溢並且充滿夢想，卻始終不能做成一些不平凡的事情，實現自己的目標。於是，他們發出上述疑問，並開始抱怨環境，推卸責任，把問題歸咎於上司、同事、朋友、客戶乃至親人。

作者認為，上述問題已經成為當今社會的「主流病」。隨著資訊爆炸，生活節奏越來越快，人們越來越過度思考，但又懶得行動；不想安於現狀，可又不願採取行動做出真正的改變。對於這個群體，作者在書中定義為「居家思考的強者」，他們一直在思考諸如「怎樣動動手指就能一夜暴富」的問題。

如何解決這個問題，就是這本書要告訴我們的。你知道什麼並不重要，你能做到什麼才是最關鍵的。這也正是作者的「行動力課程」多年來所提倡的思考和行為模式，即究竟怎麼做才能實現自己心中那些美好的想法呢？

大多數關於提升行動力的書籍都會籠統的告訴你設定目標、如何實現目標。你總能從形形色色的勵志書籍中找到一些改善行為的計畫，而我們也清楚知道這些計畫對自己是否有用。但是，我們也會發現，那些計畫並不能起到長期的作用，因為很少有書會和你一起分析原因，告訴你為何長期以來無法解決問題。

但是，這本書不同，作者除了為我們制定了從「想到」轉化為「行動」的原則，從「知道」

變為「做到」的方法，還提供了一條對解決問題最有幫助的管道。書中會告訴你，你為何沒有做到，而不是強制性、不加以區別的建議你採取某種固定模式。

我認為，這本書彙集了作者多年來的經驗和非常實用的智慧，讀者一定能從中找到自己的答案，充分應用於生活和工作中。

目錄

推薦序——為何別人成功了，我卻不能？ 003
自　序——你總是想得太多，做得太少 011
前　言——是誰，偷走了我的時間？ 020

PART 1
覺察篇：為何想得到卻做不到？ 024

「不行動」常見的五大狀況 026
狀況① 訊息多到恐慌症快發作 026
狀況② 總是消極思考嚇自己 030
狀況③ 追求完美主義錯了嗎？ 033
狀況④ 拖延、發懶，愛找藉口 037
狀況⑤ 怕難怕失敗有顆玻璃心 044

PART 2

破解篇：七個讓想法動起來的改變大法

破解篇：七個讓想法動起來的改變大法 050

方法❶ 化繁為簡 052

1.1 在茫茫資訊中找到「需求定位」 052
1.2 想法也要「斷捨離」 058
1.3 思考程度隨「環境」而定 062
1.4 拋開多疑的消極心態 068
1.5 確立方向後就勇往直前 074

方法❷ 減法思考 080

2.1 列出所有想法，修正「無用的思考」 080
2.2 借雞生蛋，把各種資源為己所用 084
2.3 停止思考與「成果」無關的想法 088
2.4 切割「無用的思考」和「行動」 090
2.5 簡化多屬性，迅速做出精準決策 096
2.6 做「減法」的四個執行步驟 101

方法❸ 正面態度 107

3.1 先想好處，別淨想「最壞的結果」 107
3.2 困難只是暫時，想想美好的未來 111
3.3 立刻去做，只要「開始」就好了 116
3.4 用樂觀的想像克服沒必要的恐懼 121
3.5 用階段性的成果取代負面記憶 126
3.6 積極暗示自己「我與眾不同」 132

方法❹ 不完美主義 139

4.1 先實現目標的九五%就很好 139
4.2 別把時間花在一百分的計畫 144
4.3 把做得到的事當作短期目標 147
4.4 用行動改善缺點，平衡理想與現實 154
4.5 醒醒吧，這世界上沒有完人 159
4.6 揚長避短，把自身優勢最大化 162

方法❺ 別等萬事俱備 168

5.1 認清現實，世上沒有完美這回事 168
5.2 不要總想著別的選擇會更好 172
5.3 基本條件夠就好，別管旁枝末節 178

5.4 讓事情在做的過程中完美就好 182
5.5 用「逼宮法」克服不行動的習慣 186
5.6 永遠要設定一個「最後期限」 191
5.7 不要太心急，先摘搆得到的蘋果 198
5.8 懂得變通，調整修正前進的方向 203
5.9 專注眼前目標，落實每個既定步驟 208

方法❻ 時間管理 213

6.1 「番茄時間管理法」你用了嗎？ 213
6.2 充分發揮和利用「零碎時間」 219
6.3 抓住「黃金時間」用在刀口上 223
6.4 「倒數計時法」可強迫自己行動 226
6.5 找到「拉長」時間的關鍵 229
6.6 把「待辦」變成「必辦」 232

方法❼ 告別畏難 237

7.1 別拿沒根據的「能力」當藉口 237
7.2 認清困難本質，換個角度不一樣 250
7.3 離開舒適圈，維持現狀不會更好 257

7.4 用對比法看別人怎麼解決困難 260
7.5 每次解決一個問題，就獎勵自己 264

PART 3

實踐篇：只需四步驟，從「想到」到「做到」 272
別再想了，快點跟著動起來 274
步驟① 一份可立刻展開的行動方案 274
步驟② 關掉電子產品，集中火力 277
步驟③ 戰勝事事追求完美的習慣 280
步驟④ 別在最後關頭再奮力一搏了 283
總複習 286

自序

你總是想得太多，做得太少

從二〇一一年開始，我們公司在洛杉磯地區新增「行動力」課程，這種可以提升人們的行動效能的培訓課，報名費用非常高。至於為何把學費設定在高價位？就像我曾對《洛杉磯時報》的記者所說：「人們對一切免費得來的東西都不會珍惜。」正因為高效的行動如此困難，所以才需要一個能夠銘記於心的開始。

我們把這個課程命名為「顛覆式思考」，因為行動是一門思考課，不僅涉及思考的技術，同時還是「高效思考」「高效決策」的產物。我們從思考開始啟發人們自我改變，直到明白「有效的行動」是如何產生並且持續。

正如同一位誠實的失敗者所發出的疑問，那些心懷夢想老是四處碰壁的「老實人」，也都希望解決他們內心的困惑。他們想聽到刺耳的真話，而不是客套的假話——如果你也想聽一些實話，那麼就值得繼續閱讀下去；否則，你大可在此便闔上書頁。對多數人來說，不了解本書的內容，不會有任何損失，因為在這個世界上，超過九九%的人可能都對自己失敗的原因不感興趣。

如果你選擇繼續閱讀，那麼這本書將會為你解答一些讓自己感到不怎麼舒服的真相，你會發現很多抱怨已久的問題並不是他人所造成，罪魁禍首其實是自己。你可能已經被別人誇讚太久了，早就疏忽要對自身實際行動進行能力檢測。遇到挫折後，在心安理得接受別人安撫時，可能從來沒有思考過自己遭遇挫折的原因：

- 「為什麼我是大家公認的聰明人，卻事事不如意？」
- 「為什麼我付出那麼多，仍然不成功？」
- 「為什麼別人都實現了自己的理想，我卻做不到？」

十年前，這三句話寫在我公司的「榮譽牆」上，與那些業績優秀的員工名字掛在一起。我用這種強烈的對比來激勵其他員工，為何你不能像他們一樣優秀？「找到原因」才是解決問題的根本辦法。

十年後，當我們推出行動力課程時，這三句話成為每位學員必須回答的第一張考卷。我們決心提出這些問題並且開設這個課程，最大希望是嘉惠那些有強烈改變動機、但又缺乏必要方法的族群。

不論你在生活和工作中遇到多大或多微不足道的麻煩：減肥、戒菸、面試、創業，乃至於需要制定並執行人生的長期規畫，這個課程和這本書的內容都能為你提供幫助。我會從心理學、潛意識和行動規畫的角度，與你分享自己的人生經驗，一起探討如何在實踐中提升思考和行動的效率。

現實與夢想的距離

在二十世紀末的一個夏天，我獨自一人來到洛杉磯發展。當時我和每個年輕人一樣，對未來充滿熱情，口袋中也揣著厚厚的計畫書。這與至今二十出頭的年輕人作法驚人的一致，我們不僅要改變自己的命運，還想改變世界。

但是，現實是最嚴酷的「老師」，它會給我們上課，讓我們冷靜下來，提醒我們：你不光要能想，還要會做！

我身上只有美金一千元，第一要務就是趕緊租個房子安頓下來。於是，我找到一間便宜的地下室，付了第一個月房租美金八百元。接著，我做的第二件事是找份能即時獲得薪水的工作，而不是按原計畫去各辦公大樓推銷「我的夢想」。

我必須先成為一名腳踏實地的實戰派，一步一腳印的實現目標。因為任何做不到的想法都毫無價值。如果我只是坐在地下室夜以繼日的勤思苦想——像許多年輕人正在做的那樣，結局不難想像，我可能不到半個月就餓死了，因為剩下的美金兩百元生活費，實在支撐不起大腦中那些「幾百萬美元」的大生意。

有時候，這也是人們會失敗的原因——相較於現實，他們的夢想實在太遠大了。所有經歷過人生困境的成功者都知道：快速高效的行動遠比一個富有誘惑力的夢想，更能決定我們的命運。

因此，我花了兩天時間租房子、三天時間找工作。我在美國的第一份工作，是擔任某國際知名化妝品牌公司的洛杉磯代理商業務員，公司規模不大，加上老闆不到三十人，每個人既要負責銷售，還要負責其他工作。

我每天要打上百通電話，聯繫不同地區的客戶，在這座城市中穿梭，接觸客戶、寄送產品，還要保障售後服務。回到公司後，我還需要兼做部分文案工作，為市場部的宣傳提供建議。

那段日子過得相當艱苦，我有時候每天只能吃一頓飯，大部分時間都在電車上度過。不過，這些經歷卻對我後來的人生造成非常大的影響，我也得到一個重要結論：不管做什麼，我們都必須停止思考，馬上行動。你要用結果來說話，用結果來證明自己，而不是想法。

當重要機遇來敲門

人們都在思考如何成功，這既非一個功利的話題，也不是什麼討論的禁區。成功者和失敗者都在「討論成功」，但現實往往令人尷尬，多數人並不清楚自己是如何在競爭中敗下陣來。

當我們公司打算切入培訓和諮詢方面的業務時，曾經在洛杉磯街頭進行一場大型市場調查，主題是「你如何面對生命中的重大機遇？」調查期間從二〇一〇年的四月開始直到八月，長達五個多月，共有一二七九人接受訪談，他們當面回答這個問題，有人還撥出幾分鐘與調查員進行詳細討論。

調查結束後，我們拿到厚厚的一大疊資料，都是人們的真實想法。我們把相關的採訪記錄到系統中，接著整理列印出來，足足裝滿一大箱。調查資料很豐富，但透露出來的訊息卻讓我感到遺憾，因為很少人願意「毫不猶豫的抓住機遇」。

在接受採訪的人中，超過六七％的人回答「我要想一想再說」，或者「我希望自己再觀察一下」。人生中的重大機遇並不常見，即便如此，人們還是保持強烈的謹慎態度，但又會感慨自己懷才不遇。

正像調查所反映的，大部分人都坐在家裡思考，或待在辦公室裡抱怨：怎樣才能成為老闆那樣的人物？如何才能考上知名大學？應該採取什麼方法才可以成功減肥？……他們是思考的強者，想法很多且層出不窮，但僅此而已。人們心中的念頭就像浪花，想想就「落下來了」，那些偉大的夢想或可行的目標，從來不會變成現實。

對於這種現象，我曾在培訓課程中舉了一個例子：「從心理學的角度看，我們每個人都是一隻懶蟲，想看看外面的花花世界，卻邁不開雙腿。」懶蟲的智商可能很高，他們也許什麼都知道，指點江山，點評時事，好像這個世界上沒有他們做不了的事情，但都只是說說而已。一旦需要他們採取行動時，你看到的是緊閉的房門和沉默不語的態度。而這正是人們無法實現夢想的原因。

很多人想著想著就算了

我有位同事周先生，我們曾一起在洛杉磯賣了兩年化妝品，離開公司後，又一起創業，做廣告傳媒和思考培訓的業務。周先生很聰明，是公司的「軍師」，是我的智囊，也是一位思考活躍的創意大師。他總能從不同的角度思考那些不容易解決的問題，從中想到令人驚喜的創意，為公司發展提供很大的幫助。

二〇〇四年春天，周先生突然來找我，他說：「我想，我們已經到了該離別的時刻。」他打算離開美國，回北京開一家傳媒公司。我當時聽了非常吃驚，完全沒有心理準備，但我和團隊成員仍尊重他的選擇。

曾與周先生共事的人都知道，他在商業創意方面很有天分，長時間研究中國的文化產業，並有獨到見解。他認為，過不了幾年，這個產業將迎來春天，「在未來，中國的文化產業總產值會很驚人，這時介入是最佳時機。我的第一步是投資影視業，尋找一些有才華、但沒有資金的年輕導演和編劇，拍攝一些優秀的小成本電影，用先進的行銷方式占領市場，獲得口碑。等在市場上有一席之地後，我還有更好的計畫。」

離開美國後，我們有一年沒聯絡。直到二〇〇五年秋天，我在睡夢中迷迷糊糊接到一通電話。另一頭是周先生，他說已經回到美國，人就在洛杉磯機場，他打算回來做老本行，完全放棄在中國的事業。

當我向他問起情況時，他苦笑著說：「想法很完美，但一直在拖延。我們花了幾個月，一直都在進行籌備創建公司的各項工作。期間有不少劇本都頗具市場性，有個劇本還因受到市場好評，不少公司都參與競價。我準備考慮一些時日再出手，但後來被別家公司搶走。事實上，不少好劇本都是這樣流失的。」

「然後呢？你可以改正這些操作邏輯。」我問。

「我錯過了最佳時機。投資人沒有給我機會，幾天前宣布撤資了。」他說。

對於這個結果，我並不意外，反而長嘆了一口氣，因為這正好與周先生的行事風格相吻合。雖然他有優秀的創意能力，但並不是一個果敢獨斷的人；也就是說，他具有豐富的知識，但缺乏「做到」的能力。

當然，「權衡利弊」並不是個性上的缺點，而是一個人得以成功的基本要件之一。只不過，花過長的時間在思考時，就會影響到我們行動的能力，嚴重削弱「實現目標」的可能性。

基於這一點，我在公司管理上，會將重點關注在創造力較差但執行能力強的部屬，而非那些思考活躍但行動能力差的員工。或許他們沒有天才般的頭腦，但做事踏實，執行到位，思考執著，做事的時候心無雜念，很少臨時跳出其他想法。所以，在公司的會議上，我常對部屬說的一句話就是：「你們每天要拿出七成的時間來行動，只需要用三成的時間去思考。」

在我看來，大部分成功者都是能夠快速行動、盡一切力量去做到的人。那些每天在大腦中分析各種可能利弊、思考過多的人，最後都很難避免失敗的結果。因為想得越多，就越容易淪為空想。雖然善於思考是一種好習慣，但要切記：永遠不要讓自己成為那種「想得太多而做得太少」的人。

我希望透過本書，讓每個人都能理解，並且建立一個做事的原則：無論你懂得多少知識，胸中有多少讓人激動的偉大想法，都得先做到，而非坐在沙發上空想。就像一位參加阿富汗戰爭的美軍士兵在接受採訪時所說：「我的保命方法很簡單：先開槍，再瞄準。」因為現代社會留給我們思考的時間已經越來越少，你必須先行動，再去思考解決問題的最佳策略。

因此，每個人都應該做起來再說，而不是想好了再做！

前言

是誰，偷走了我的時間？

當我們的培訓課程在美國西部地區全面展開後，許多學員並不認同這個課程的理念和培訓方法，紛紛表示抗議。他們覺得，極端強調行動的人生理念太過功利。

例如，來自哈尼郡的俄勒岡州州立大學高材生凱澤爾就曾在網路上抱怨，他「遇到一位喜歡修理人的東方老師」。他認為，人生應該留有享受生活的時間，以及做出不同選擇的充分機會，也就是必須給予思考足夠的自由。「現在您的作法太殘酷了。這是一種壓迫，讓人失去了生活的樂趣。並不是每個人都夢想成為強者，也不是所有人都渴望成功。像是我的夢想是環遊世界，而不是做一個『工作狂』。」

幾天後，凱澤爾坐在我的辦公室裡，我們簡短聊了一下。

我問：「告訴我，你什麼時候開始有環遊世界的夢想？」

凱澤爾答：「大概十年前吧！」

我又問：「那現在你的計畫實現了嗎？」

這是關鍵。但凱澤爾的回答是：「還沒有，不過遲早會的。」

聽到了吧！他說遲早會的，但是已經十年過去了，他卻什麼都沒做。也許他在這段漫長的時間裡，已經設想了無數的旅遊計畫和路線，但至今仍然只在他的大腦中，沒有落實為行動。是誰偷走了他的時間呢？

在我們的溝通過程中，凱澤爾竟然開始責怪自己的母親：「我媽媽要負很大的責任，她用無數的假期任務占用我的時間，所以我始終沒有時間出去旅行。」

生活中，我們多數人都像凱澤爾一樣，不將自己身上嚴重的「拖延症」當一回事，甚至完全沒有意識到這是一種浪費時間的行為。無論做什麼工作，要嘛遲遲不行動，或者在失敗後隨口說一句：「算了，下次再說吧！」

在針對本書受眾的調查中，我們收集了近兩千人的觀點，其中有一千四百多人都承認自己曾經將拖延當作一個藉口，而不是一個問題。

在正式開始閱讀本書前，你可以回想一下，過去有沒有發過誓卻「從來沒有行動」的事件？

有沒有做過一些想起來就讓人激動的計畫，可能因此改變你的人生，不管是生活、情感、事業上的目標，甚至可以提升自己的身分地位？你可能花費很多精力來規畫，但做完後就扔進了書櫃，從來沒有啟動過。

如果你有這樣的經驗，那麼這本書很適合你。我不僅會在書中指出這些問題產生的心理根源，也會針對不同的環境來分析解決問題的策略。我們每個人，包括我自己，都可以在閱讀本書的過程中，因為懂得如何行動而受益，並且真正改善自己的思考和行為模式。

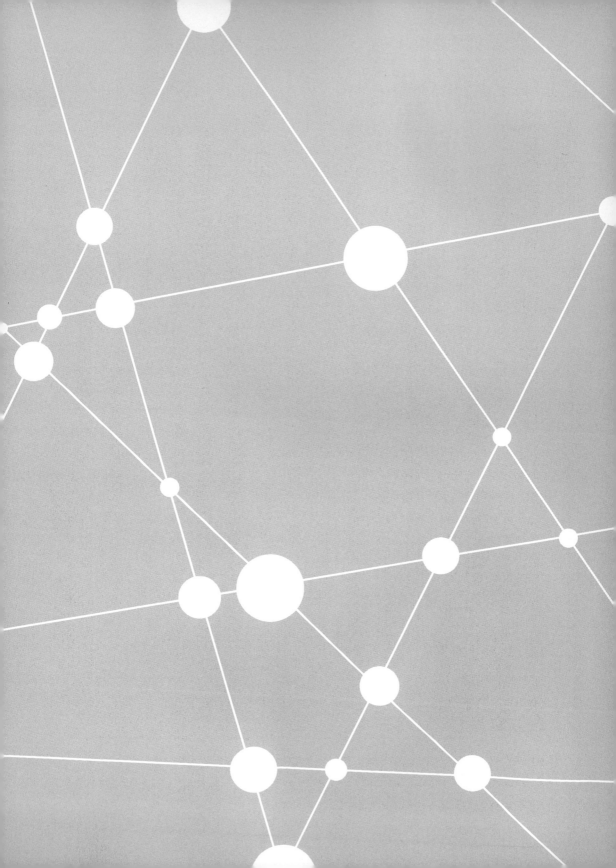

PART

—

1

覺察篇：

爲何想得到卻做不到？

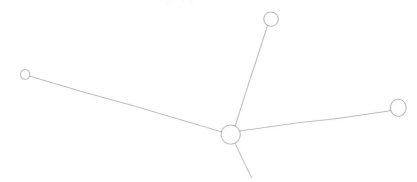

「不行動」常見的五大狀況

狀況① 訊息多到恐慌症快發作

上班途中，公車和捷運總是擁擠不堪，找到一個座位簡直是讓人驚喜的事情。但是，如果車廂內有許多空位呢？人們衝進空蕩蕩的車廂時，經常會有些猶豫，我到底要坐哪裡？只有一個選擇時，我們的想法非常簡單：抓住機會，搶占空位！但面對很多選擇，人們卻有些手足無措，茫然而無法選擇。

勞恩．馬修斯是加州理工學院的高材生，二〇一一年在柏克萊創建一家科技研發公司，從事人工智慧領域的開發工作。二〇一五年，他對公司進行了一次大變革，交出個人在公司近八〇%的權限，把自己的重心放在思考如何保護環境的議題上。

馬修斯說：「思考是一門技術，好的計畫不是隨便做做。」對此，他過去五年的經驗便是最好的教訓。

馬修斯創業的想法來自看完電影《駭客任務》後的衝動，他對未來科技有深切的危機感，常因科技的道德問題感到困惑。公司成立前兩個月，馬修斯和朋友、投資人共同組成一個團隊，對未來的種種願景展開討論，列出很多想法，包括事業、生活、人類未來，他們深感肩負重任。

公司成立後，馬修斯就陷入無休止的思考和決策困境。在資訊爆炸的時代，他覺得自己什麼決定都做不了。難道是他比大部分人都要清醒，因此有別人尚未意識到的奇思妙想？也許是的。但在他聰明的腦袋底下，則是笨拙的手腳。在他掌管公司四年的時間內，都沒有落實自己的理想。資訊的洪流讓他深陷泥淖，從睜開眼睛的第一秒鐘開始，他的選擇就沒停止過：

- 他要查看助理送來的會議記錄，上面寫著昨天與部屬開會時吵架的成果；
- 他的手機響了，免費訂閱的電子刊物向他打招呼；
- 早餐後要閱讀無數的電子文件和表格，還要回覆一大堆郵件；
- 他要抽半小時去自己常瀏覽的網站和論壇看看，收藏自己感興趣的訊息，雖然他永遠沒有時間再回頭去看；
- 他要定期更新自己在社交媒體上的狀態，告訴朋友們自己想做什麼，和陌生網友探討科技社會的未來；
- 到了晚上臨睡前，他必須再次查看郵件並且及時回覆……

這些重複的「動作」讓馬修斯感到筋疲力盡。為什麼想法無法落實為行動？為什麼計畫總是無法執行？是哪些因素干擾自己的決斷？馬修斯說：「罪魁禍首就是訊息本身。這就是為何成功者都是一些『大腦簡單』的人，他們懂得如何捨棄無用的思考，不被過多的訊息干擾決策。」

資訊超載，每天都有新想法

在收集資訊的過程中，有太多選項會讓我們朝三暮四，不斷修正想法，應該向左走，還是向右走？這個計畫不錯，那個想法也有道理，那麼到底該怎麼做？

在今天這個資訊時代，假如你有一天沒查看電子郵件，會感到內疚嗎？假如你沒有參考資料庫提供的豐富資訊就擬定了行動計畫，會因此感到不安嗎？如果精力總是被龐大的資訊所牽制，我們的大腦就會被各種想法填滿，感到精神疲憊。日益超載和應接不暇的訊息，反而讓人無所適從。

為了檢查自身是否資訊超載的狀況，你可以先回答下面三個問題：

問題一：在收集和接受資訊的同時，你是否有時間考慮，這些來自不同管道的資訊到底有多大價值？

為了解決問題，我們從不同管道、用不同方式收集資訊。包括手機、電腦、朋友、客戶、新聞媒體……資訊來源五花八門。但是，這些資訊到底能帶來多少收益？在評估資訊的價值時，不要把金錢收益放在第一位，要重點評估它們產生的機會和能力價值。

問題二：你統計過自己在這些資訊管道上花了多少時間嗎？

你在這些資訊管道上花費的時間是一週還是一個月，或者僅用了幾個小時呢？對需要解決的問題來說，這些時間算多還是少？從最終的收益來看，這些投入是否值得？或者說，是不是資訊多到讓我們連統計它的時間和精力都沒了？假如我們在資訊大海中暢遊五個小時，僅僅只是為了一個花五分鐘就能解決的問題，那這個代價就太高了，因為它嚴重影響到我們做出最終判斷和採取有效行動的能力。

問題三：你是否會在隔一段時間後，回頭評估這些資訊帶給自己的影響，不管是正面的，還是消極的？

現代人有一種「通病」，由於生活和工作節奏加快，每天忙於思考和處理各種事情，時間被壓縮到極致，很少對過去的「行動效能」進行總結和反思。人們沒有想過在剛剛過去的一年中，自己接觸到的所有資訊造成哪些影響，也不會認真考慮為自己建立一個資訊分類系統。

現在，你需要嚴肅的思考這個問題：根據自己需求，哪一類的資訊值得自己花時間和精力去閱讀？缺乏這些資訊又會如何？你要檢測資訊的實用價值，不管是工作的、消費的還是生活的，並且對它們量化管理。這是盡可能讓我們保持理性的重要步驟，也是我們找到導致行動力下降之根本原因的途徑之一。

狀況②總是消極思考嚇自己

從北京復旦大學畢業的廖先生，從小就被長輩寄予厚望，大家都認為他是個成熟穩重的孩子，對他的未來充滿樂觀。但廖先生本人並不這麼想，他認為自己其實是個很悲觀的人，只不過自己的悲觀和消極都藏在心裡。

他說：「我從小到大就是個謹慎的人，做事前總是會考慮各個層面，對每件事都會力求絕對安全。舉個例子，如果突然下雨了，院子裡有本書被雨淋濕，我會做『衝出去撿書』這種冒險的事嗎？我的答案是，『不會』。因為在我腦海中第一個念頭是：『天上會打雷嗎？雷會擊中我嗎？有多大的機率是我倒楣而非別人？』你看，我總是容易往壞的方面想，哪怕現狀很樂觀，我也會想到會不會突生變故。請問，有什麼方法可以讓我別再胡思亂想？」

廖先生的生活充滿消極。他總是想太多，擔心太多。這種行事風格的優點是三思而後行，似乎沒有他想不到的事情，可是缺點卻非常「致命」。事實上，他畢業兩年來一事無成：找了一份穩定的工作，拿著不高不低的收入，人生下一步就是相親結婚。他連戀愛的勇氣都沒有，而是選擇相親這個途徑，因為他害怕被拒絕。

我在長期的諮詢工作中發現一個普遍現象，凡是勤於思考而疏於行動的人，都存在著「畏懼」的心理障礙。他們怕被人瞧不起，索性不去做；怕說錯話，因此乾脆不說話；怕失敗，於是什麼都不敢做；怕上司不高興，就把該提的要求藏在心裡。但實際上，他們所害怕的這些東西並不存在，他們被想像中的那些可怕結果綁住了自己的手腳。

馬修斯曾講了一個二十世紀九〇年代發生的好萊塢故事：

知名老牌影星席維斯．史特龍有次聽說要演對手戲的演員曾是位職業拳擊手，體格非常健壯，而在合作的這部戲中，他們會有多場雙方搏鬥的情節，為此他感到非常忐忑，開拍前一夜輾轉難眠。

當時史特龍已經功成名就，早已過了「拚命」的年紀，所以他害怕因戲「破相」。所有人都告訴他，這個演員的功夫很好，下手特別狠。甚至傳言「硬漢」湯姆．漢克跟這位拳擊手拍戲時，也曾受傷過。

聽到這些傳言，史特龍更加擔心。到片場前，他一度興起請導演刪除這場戲的想法。最後史特龍戰勝了內心的擔憂，和那個演員見面時，他發現對方性格溫和、很好打交道。兩人拍戲時對方也特別注意自己的動作，並沒有發生預想的不好事情。

因為害怕而造成的不良影響，往往比我們畏懼那個可能發生的事實更為可怕。消極思考就像超級流感病毒，一旦在心中扎根發芽，就會產生連鎖反應，起初只是讓你感到擔心、胡思亂想，慢慢的會讓你放棄更多行動，在生活和工作中都更加畏首畏尾。你也許懂得很多，是個聰明人，卻沒能做出什麼成果。

渾身負能量，臉上寫著「我害怕」

當你在思考和行動的過程中，總對結果抱持悲觀態度時，就會遭受長久而致命的打擊，導致美好的想法很多，卻無法變成現實。消極思考會使你無法體驗到創造和期待的樂趣，讓你和快樂擦肩而過。消極思考和消極行動的人，每天都活得非常拘謹，因為想得多、做得少而難以成功。

馬修斯在總結過去幾年的管理生涯時說：「我從早晨醒來到晚上睡覺，始終緊張焦慮，心靈備受痛苦的折磨。」他情緒低落，壓力很大，也不相信自己可以戰勝眼前的挑戰，對未來感到悲觀。一個人如果長期處在這種狀態中，就會「怕什麼來什麼」。想法越消極，就越做不到。

實際上，當你對行動產生恐懼的瞬間，懦弱的性格和畏懼的心態就已經在你體內擁有強大的基因。悲觀消極的思考方式會隨著血液和呼吸，傳遞到你身體的每個細胞，再形成你獨特的消沉氣場，整個人都會充滿負能量。別人在遠處就可以感受到，你渾身散發出的那種暮氣沉沉。

在消極心態下，你對行動的恐懼會清晰的刻畫在眉宇之間，臉上彷彿寫著三個字：「我害怕！」這時，縱使有多麼遠大的理想和宏偉的計畫，都不能說服人們支持和相信你，因為你甚至連自己都不能說服。

狀況③ 追求完美主義錯了嗎？

公司成立之初，我們管理團隊的七個人熱情高漲、鬥志昂揚，每個人都很興奮，準備大幹一場。市場開發會議上提出的各項理念和計畫，就足足有幾十張Ａ４紙，還有更多新點子源源不斷的發想出來。

當時，我們的團隊組建工作進行得如火如荼，而第一份工作就是要拿下洛杉磯「城市廣告」的專案。為此，我要在短短十五天內，成立一個專業的廣告策畫部門。團隊中有些人和我一起做了數年的化妝品銷售，對傳媒產業一無所知，他們擅長行銷工作，對廣告創意了解甚少，但這並不能阻擋我們的熱情。在會議上，大家對接下來的工作做了認真和樂觀的研究，提出幾項討論：

第一、十天內招聘兩位曾在知名廣告公司（例如奧美）任職三年以上，有經驗的市場開發主管；

第二、「城市廣告」是洛杉磯市政的官方專案，對廣告公司具有特殊意義，即使競爭對手非常強大，但我們志在必得，因此要在七天內收集到所有二十三家對手公司的詳細資料；第三、所有員工取消假期，全力投入這場戰爭，任何人不得以任何理由請假。

我和幾名管理人員在會議上向全體員工保證並立下軍令狀，要打好這場至關重要的戰役。

「我們必須虎口奪食，沒有任何藉口，就是要搶下這個專案。」我說：「打好這場戰役的第一槍，才能在加州的廣告業立足，否則我們又要回老地方賣化妝品去了。」我們成功動員，雖然實現目標的難度非常高，但是我信心十足。

不過，公司大股東，也是合夥人的史密斯，突然打電話給我：「高，出來喝點東西吧！」

當時已經是半夜，我驚訝的說：「現在沒有航班去ＤＣ（他住在東岸的華盛頓）吧？」

「我已經在樓下了，朋友。」史密斯說。

史密斯在一星期前就到了洛杉磯，住在自己的公寓裡。之所以沒有提前通知我，是因為有些想法尚未完善。於是他開車來接我，我們上了高速公路，一直開到舊金山地區，才下車找了一間安靜的咖啡館。

等我們兩個人坐下來時，天色已亮，史密斯馬上切入正題：

「你有一份雄心勃勃的計畫，我知道，也贊同；你正準備大展身手，我知道，也支持。但是，我獲知一些對你不利的消息，洛杉磯市政官波爾．蒂恩昨天發給我一封郵件，他看到上月底提交的廣告提案，對我們公司的創意非常讚賞。你知道，這意味著什麼嗎？」

「我想，是公司的提案打動了他。」我說。

「是的，我們的提案好極了，整體設計風格凸顯出洛杉磯市的光榮歷史，還請來幾位明星助陣拍攝城市宣傳片。但是，這也說明這個提案與洛杉磯市政廳削減預算的要求背道而馳。如果你不降低標準，這個專案我們百分之百拿不到。」

太追求完美的細節，影響行動的效率

一個完美的想法雖然可以贏得別人的稱讚，但往往也會增加失敗的機率。這是一種奇妙的現象，卻是我們工作中經常發生的事情。我發現，目標訂得越高，對客戶的要求越高，結果就越不能如願。這是我在創業之初最痛徹的領悟。

現在許多年輕人都有非常遠大的理想，自我要求很高，設定目標時也追求高難度，行動起來竭盡全力，直到自己滿意才作罷。但正是這種苛求甚多的心態，讓他們的想法無法落實。如果不適度妥協，美好的理想往往不了了之。

回到洛杉磯後，我們公司三位主要合夥人，包括史密斯、普利斯和我一起對公司的業務計畫提出一個重要的結論，也就是以下的「三不」原則：

- 不要苛求細節的完美，先做起來再說；
- 不要給客戶最貴的設計，省錢永遠是第一原則；
- 不要制定不切實際的計畫，腳踏實地才能長遠發展。

細節是必須追求的，但作為一家新創公司，在實力不足時應該優先追求效能，而不是在小環節上無謂的浪費資源。上述標準也適用於個人，當你在細節思考上停留的時間越長，對結果就越不利。

什麼都「不能接受」，結果什麼都做不到

處處追求完美的人喜歡按照原則辦事，常常會忽略別人的感受，強迫別人接受自己的想法。這使得他的為人處事欠缺一定的柔軟度和靈活性，觀點不容易被大家接受。

不少人跟我抱怨他們的人際關係糟糕和懷才不遇的工作現狀時，我都在這些人身上看到某種程度的完美主義傾向。他們對自己的要求往往非常嚴格，不容許犯一丁點錯誤，這種性格和行事作風使其想法無法接地氣，讓計畫可以及時執行。

我在二十歲左右時，腦海中想的總是「我必須完成某個計畫」，或者「事情必須像我想像

的那樣發展」……所以，「必須這樣」「應該那樣」，以及「不能接受」便成為我的口頭禪。我鄙視妥協，痛恨中庸，堅持原則，追求凡事一百分，是個狂熱的理想主義者。

年輕時，我們都有這種固執的心態：事物的進展要順利，結果要如意，否則就不能接受。完美主義心態經常導致我們的想法更為偏執，有些事情明明做不到，但對自己提出來的要求卻一點也不低：做不到也要做，絕不打折扣。

由於追求完美，我們常對現狀感到不滿，有時壓抑著怒火，情緒波動，思來想去全是一些沒用的想法，思考偏離了方向，進而討厭行動。「既然現實不如意，乾脆就什麼都不做了！」這是很多人時常產生的念頭，當他們對別人不放心時，就會事事親力親為，搞得自己又忙又累，無法完成既定的計畫，總是感覺很累，其實毫無成果。

狀況④拖延、發懶，愛找藉口

這些年來，正對著我辦公桌的牆上貼著一條標語：「我無所事事度過的今天，是昨天死去的人們所奢望的明天。」這是哈佛大學圖書館的一句訓辭，提醒人們不要被懶惰和拖延的意識綁架自己的大腦和身體。

我們每個人難免會有些壞習慣，例如懶惰、推卸責任、拖延症等。這些壞習慣就像麻醉劑，稀釋了我們的思考，阻滯了我們的行動，讓我們失去危機感，隨著年齡的增長也銷磨掉了自己的奮鬥精神。

凡事「等一等」，熱情都冷卻了

對任何人而言，做事拖拖拉拉都不是一個好習慣。當你遇到任何問題都習慣「等一等再說」，就等同於你很難好好的做成一件事。

我常對部屬說：「好計畫到處都有，我們隨時都有各種各樣的好想法，但這不等於能力。能力是你不但有好想法，還能及時實現。一旦你產生『過幾天再說』的念頭，這種拖延的狀態可能一個月都調整不過來。」

拖延不僅使你無法按時完成工作，把思考轉變為成果，還會帶給自己巨大的精神壓力。為什麼很多二十歲時才華橫溢的人，到了三十歲時，卻已經失去做事的熱情與耐心呢？原因就在這裡。

二〇一〇年，留學美國的小徐在畢業後，曾到我的公司短暫工作了五個月。他是個想像力豐富的年輕人，進公司不到一星期就針對市場部的工作提出想法，也針對部門的工作方式寫了一份改進方案給上司。

當時他的部門主管梅，看了小徐的提案後表示認可。擁有一半中國血統的她，非常了解中國年輕人積極上進的心理，就把那份提案轉給我。在不到三千字的內容中，小徐一針見血的提出自己同事與市場脫鉤的工作陋習，希望公司進行一次全方位的改革，增加基層員工到一線實踐的機會，否則公司的創造力早晚會枯竭。

雖然這個建議並沒有多少奇思妙想，卻指出一些部門的沉疴。一個年輕人初入職場就敢這麼直言不諱，著實讓我興奮。透過管理層簡單溝通，一個月後，我破格升任小徐為洛杉磯地區市場部副主管，和梅共同對他所提到的問題進行一次根本性的調查研究，擬定詳細的計畫，再做有針對性的調整。

一個月後，我向梅詢問這次內部改革的成果時，她卻無奈的向我彙報：「並沒有什麼進展。」

「為什麼？」我問。

「小徐遲遲拿不出具體的執行方案。」梅無奈的說。

作為考核的一部分，這次失敗的試驗也賠上了小徐在公司的前途。他可能是個思想活躍的人，能夠精準發現問題，但他對執行的拖延和做事後繼乏力的性格，決定了他不是一個可以擔負大任的「人才」。因此，在公司待滿五個月後，小徐主動提出辭職，因為坐在市場部副主管的位置上又拿不出像樣的成績，他自己也感到心灰意冷。

懶到不只做不到，連想都想不到

懶惰是「居家思考派」的主要特點之一。他們不僅做事拖拖拉拉，而且喜歡只說不做，不能迅速和高效的完成任務，也無法集中精力思考一些重大問題。也就是說，他們不僅「做不到」，還逐漸開始「想不到」。

對懶惰者來說，思考既是安眠藥，也是催眠的安眠曲。當他開始思考時，第一個反應就是困倦。他們會一直處在思考中，而且一旦開始，就無法停止，但就是無法真正做點什麼。

愛找藉口的員工，再聰明也沒人要

有的人成功了就想辦法證明自己早已勝券在握，一旦失敗了或不如意就找藉口。人們都渴望成功，不願失敗，所以藉口普遍存在。這些人在工作遇到困難時，首先想到的不是「我要想辦法解決困難」，而是「找個理由掩飾自己的平庸」。他們不知道的是，妨礙成功，乃至導致自己失敗的致命的壞習慣，就是愛找藉口。

中國知名的管理學家和培訓師吳甘霖教授，他曾在一場總裁培訓班上對一百多名「老闆學員」做了一項調查。

第一個問題是：「你們最不願意接受哪一類員工？」

- 排名第一：工作不努力而且愛找藉口的員工；
- 排名第二：假公濟私的員工；
- 排名第三：斤斤計較的員工；
- 排名第四：華而不實的員工；
- 排名第五：受不得委屈的員工。

第二個問題是：「你們最喜歡什麼樣的員工？」

- 排名第一：能夠主動找事做的員工；
- 排名第二：思考和創造方法來提升業績的員工；
- 排名第三：從不抱怨的員工；
- 排名第四：執行力強的員工；
- 排名第五：能夠為公司提供建設性意見的員工。

兩個問題的調查結果都顯示，遇事愛找藉口的人，哪怕再聰明，也不會受到老闆歡迎，在任何企業都沒有市場。只有那些遇到問題主動尋找方法、思考行動策略的人，才是最受器重的優秀人才；也只有這種人，才能真正做出一些了不起的事！

這些習慣決定你是魯蛇或成功者

思考能力的深度和廣度，決定了一個人在採取行動時的「結果屬性」，也就是我們思考的效率和貫徹思考的能力，會使自己在生活和事業的經營中分出高低。一個人從出生起，大腦中就植入了思考的基因，隨著成長，要不斷做出選擇，開拓視野，磨練性格，累積能力值。

一個人在十六到二十五歲之間，就會開始思考自己如何才能獲得家庭和事業上的成功，對自己的未來會想到很多可能性，然後去制定計畫，思考如何去做。但也就是在這個時候，人們會明顯感受到自己受制於某種侷限，很難實現一些既定的目標。許多不良的習慣束縛了他們的手腳，讓潛能無法全部釋放；許多性格上的弱點開始干擾他們的思考和行動，導致事倍功半，做事效率極低。

對於不少人來說，他們終其一生可能都擺脫不了以下這些壞習慣：

- 喜歡爭論，很少行動：無論是生活或工作中，都積極參與爭論，擅長提出各種各樣的反對意見，卻看不見他們的任何行動。
- 虛榮且總是抱怨：很少反省自己的錯誤，為了維護面子，常把責任推給別人。例如：「事情沒做好，不關我的事！我早就想到這麼做會出事，但沒人聽我的！」
- 從不接受批評：認為自己的一切想法都很有道理，並且喜歡強加於人。他只接受別人的讚美和肯定，你休想批評他。
- 敏感而且自卑：過於在意旁人的看法，內心脆弱又瞻前顧後，很容易受到意外因素影響而方寸大亂。
- 目光短淺：用大部分精力盯著短期收益，對未來沒有清晰的判斷，也沒有長遠的規畫。平時所想和所做的，都遵循著「走一步看一步」的思考模式。
- 懶得去做：即便偶爾有些不俗的見識，也懶得去做，只習慣於高談闊論，很少會採取實際行動。
- 做「非黑即白」的極端思考：在思考任何問題時都是傾向於兩種極端，對一種事物不是神聖化，就是妖魔化，黑白分明，非此即彼。

這些壞習慣的存在，導致他們即使內心有些了不起的想法，也不能變成現實，因為他們的行動總會出現偏差，做起來容易誤入歧途。

失敗者因為有這些習慣而繼續平庸，空有夢想卻無法實現；許多成功者也因為改不了上述缺點，而在這種錯誤的思考和行為模式的主導下，慢慢失去獲得的成功與賺來的錢。

狀況⑤ 怕難怕失敗有顆玻璃心

我發現不少年輕創業者，大概超過九〇%的人，都喜歡向權威專家請益自己人生的答案，聽取他們對於將來的預測。例如預測自己的未來二十年，「我能做什麼？我該怎麼做？請告訴我好嗎，我一定按照您的建議去做！」特別是遇到困難時，他們沒有自信，如果找不到精神支持，可能就此止步不前。

有時候我會問一些人：「說說看，你的想法是什麼？」這個問題難不倒他們。當我到北京與中關村的創業者見面，或是去別的地方見一些人，經常對這些充滿活力的年輕人所「富有創造力的想法」感到震驚。

我們的會談輕鬆而愉快，但過一段時間後，我再詢問和了解他們實現這些想法的進度時，卻發現有一大半的人早就放棄了。我實際了解後發現，他們在執行中遇到的困難根本微不足道，多數只要堅持數個月乃至幾個星期，想些辦法就能解決。不過，他們有些人只堅持了十多天，便垂頭喪氣的放棄了要做好這件事的念頭。要知道，那可是準備了數年的計畫，竟然就這麼輕易的放棄了。

我在洛杉磯銷售化妝品時，有位同事叫作派克。我們幾個華人私下都稱呼他為「怕上課」，因為他最害怕三件事：

第一、怕老闆給他安排任務；

第二、怕老闆叫他去辦公室；

第三、怕財務人員給他發工資。

把這三件事綁在一起看，就不難得知，派克是個害怕接受任務的員工。他擔心公司制定過高的目標，因為他是那種做任何事都喜歡慢慢來、不願意挑戰壓力的人。所以，我們覺得可以輕鬆完成的月銷售指標，派克就覺得是個非常嚴重、足以讓他失眠的大麻煩。

派克不只解決問題的能力差，挑戰困難的動力也不強。於是，每個月總有幾天，老闆會把他叫到辦公室，當然不是表揚他。最後派克每次都無比沮喪的走出老闆辦公室，當月的薪水也會被扣掉一大半。

對派克來說，這份工作堪稱折磨，因為他每個月只能拿到美金一千元左右的薪水而已。雖然這些錢不夠家庭開支的三分之一，但他竟然足足做了兩年，從來沒有離職的念頭。這真是一件不可思議的事情。

有人問他：「嘿，派克，你為什麼不跳槽呢？」他的回答是：「工作不好找，我沒什麼信心。」在長吁短嘆之間，人們在他臉上看到的是兩個字：「害怕」。

他不但害怕工作中的挑戰，也害怕失去現在的工作。在這種怯懦心理主導下，他做任何事都畏首畏尾，思考所有的問題都追求「安全第一」。

強大的意志力，決定你面對困難的態度

缺乏意志力，經常是擋在「做到」面前的一個巨大阻礙。

假如你的心理極其脆弱，家庭經濟條件也不好，沒人做你的後盾，生活和工作的壓力非常大，那麼就很容易放棄自己的正確盤算，而聽從別人「好心」的勸解。如果你每天都是在他人的建議中做出選擇，總是違背自己的意願，那麼到最後，不管是經營一家公司，還是做好本業，甚至是打理生活，你可能都沒有什麼拿得出手的成績。

對未來有所期待並勇於挑戰困難的成功者，一定會像美國「股神」巴菲特那樣——在困境中保持克制，並做出判斷，不害怕，不逃跑，但也不冒進。在諮詢工作中，我曾多次向別人講到巴菲特的例子。我說每個人都要學習巴菲特的精神，看看他是如何應對市場恐慌，以及巧妙抓住困境中的機遇。

大多數人很容易被眼前暫時的挫折嚇到，最後也往往實現不了自己的計畫。挫折對於他們而言就像是「情緒瘟疫」，一旦染上就會傳染給整個群體，很難自癒。

有時候我會了解部屬都在想些什麼，看看他們如何面對困難。結果發現，大多數員工對工作的信心都源於公司，而非自己。當公司對市場的變化表現出充分駕馭力時，員工也會充滿自信；但當公司不告訴他們怎麼去做，而是自己判斷時，許多人就會表現出茫然與畏難的一面：他們很難真正獨自對抗一些頗具考驗性的困難，總希望別人給予自己信心。

回到股神巴菲特，他是怎樣的一個人呢？他絕不退縮，總能在長達十多年的時間堅持自己的理念，用堅實的行動一步步來落實。所以，巴菲特是個能夠「做到偉大」的人，而大部分人只能「想到偉大」。

缺乏意志力會讓一個人在最後時刻輸得「一無所有」。對於沒有堅忍意志力的人來說，他們同樣不具備獨立的判斷力。這些人總是被殘酷的事實所馴服。多數人的失敗都不是因為自己沒有想到問題，而是在即將戰勝困難時卻選擇了放棄，從而成為那些真正贏家的陪襯。這就是為什麼我們有那麼多的好想法，卻總是不敢邁出第一步，因為大多數人都沒有堅持到底的決心和勇氣。

恐懼是擋在機遇面前的一道障礙，你越想放棄，機遇就越不會垂青於你。有些人對糟糕的市場膽戰心驚，對未來的工作機會也相當悲觀，於是連明明非常正確的常識也不敢相信。但越是在此時，你越要保持勇氣，相信自己的智慧和判斷。就像數十年來，在股市中始終秉持「在別人貪婪時警惕，在別人恐懼時貪婪」原則的巴菲特一樣，你只有敢於在眾人都紛紛撤退時繼續堅持下去，才能抓住那些千載難逢的好機會。

覺察筆記

哪些原因阻礙了你的想法化為行動？

- ☐ 1. 每天都在修正想法，所以無所適從
- ☐ 2. 凡事妄加臆測，總往壞處想
- ☐ 3. 對自己要求太高，最後無法完成
- ☐ 4. 拖延，懶惰，愛找藉口
- ☐ 5. 內心脆弱，輕易放棄

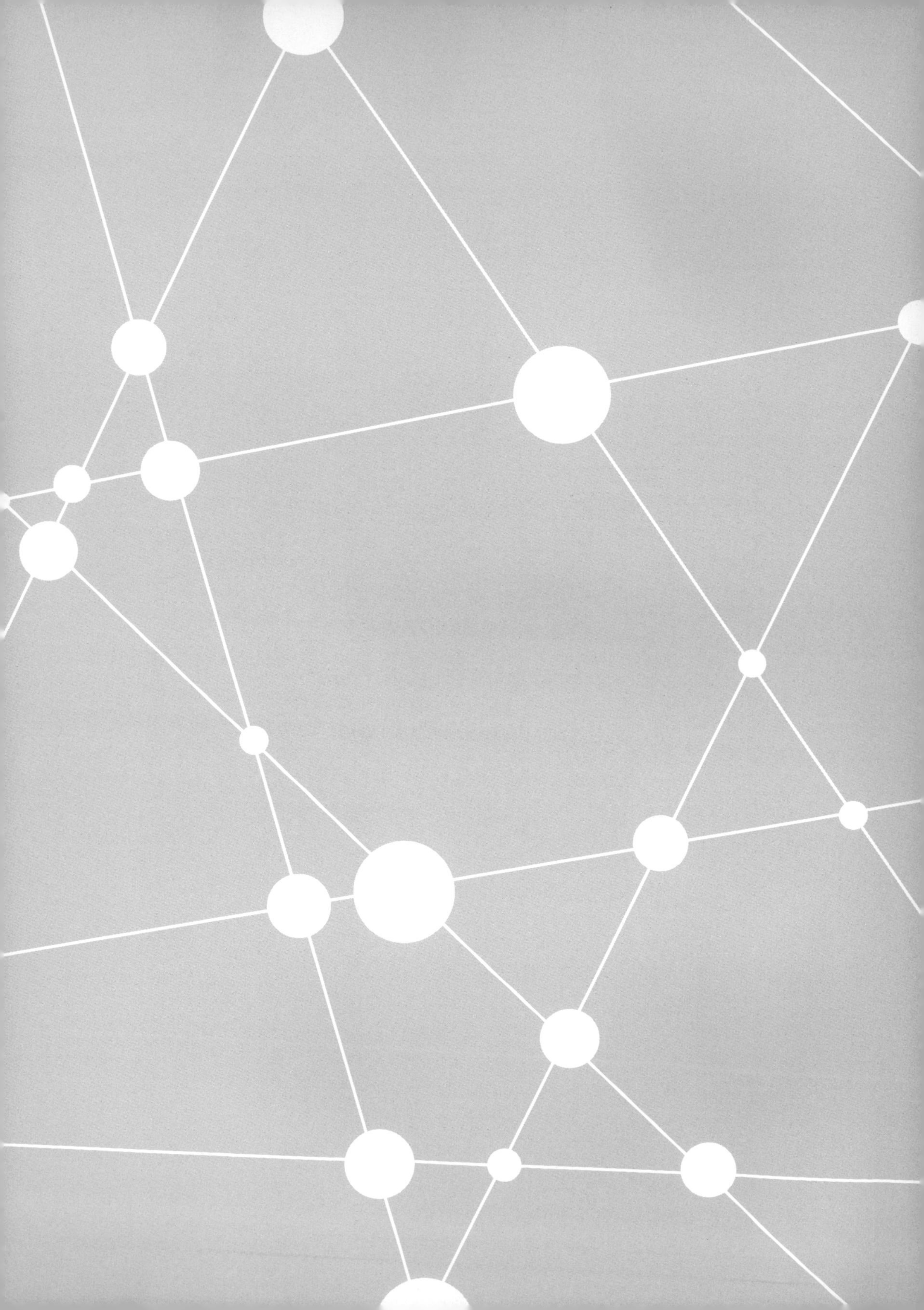

PART
2

破解篇：

七個讓想法動起來的改變大法

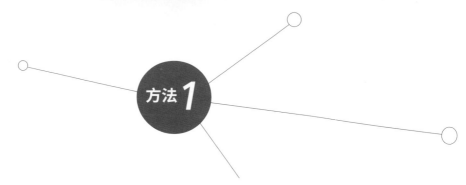

方法1

化繁為簡

1.1 在茫茫資訊中找到「需求定位」

現今社會也許是歷史上最開明和多元的時代，同時也是價值觀最為紊亂、人心最為浮躁的時代，我們的大腦正面臨前所未有的挑戰。史密斯用一句話描述這個時代的特徵：「我們好像知道自己什麼都能做，我們好像什麼都沒有做成。」

此時需要注意的關鍵問題是，我們必須定位自己的需求，思考自己需要做什麼。很多人就是在這個關鍵環節犯了錯。在資訊超載的今天，我們眼前隨時會出現過量的資訊，提供太多「假需求」，讓自己產生太多的無用想法，時時影響著我們思考和做事的效率。

透過行動網路，無窮無盡的資訊像潮水般衝擊著我們的大腦。這些資訊為我們的生活帶來便利的同時，也容易混淆視聽。「資訊過多」也會帶來新的困境，因為資訊真假難辨，它既傳授知識，提供參考，也會產生一些副作用，像是製造對我們的思考和決策毫無幫助的垃圾資訊。

在光怪陸離的資訊世界，人們產生無數隨機和無效的想法。從孩子到大人，從小攤販到上班族，人人都拿著一台智慧型手機，隨時瀏覽世界各地的資訊，用即時社交平台與朋友交流。你會發現每個人都懂得很多，但這些「知識」似乎又沒什麼益處。

在北京一家科技公司工作三年的劉小姐，她的人生目標是買房置業，憑藉自己的力量定居北京。她不像有些女孩子，想要依靠未來的丈夫，而是自己努力買房。這當然值得稱讚，但對大學剛畢業的年輕人來說，這是個很難實現的理想。劉小姐深知現實是殘酷的，她未必就能如願，因此她每天都在思考要如何加快進度？

「也許會有一條捷徑？」她說：「我知道實現這個目標很困難，誰不想留在北京？但月薪只有人民幣一萬元，在這裡不算什麼，五十年後也買不起房子。所以我必須好好想想，怎麼才能實現這個計畫。」

劉小姐開始上網搜尋，她打算利用閒暇時間兼職以增加收入。同時她還不斷調查、了解其他公司的情況，看看同行有沒有薪水更高的去處。她的出發點雖好，但是當許多資訊擺在面前時，問題就變得有些複雜了。

首先，雖然當前她所就職的公司薪水不是很高，但由於是初創公司，未來的成長前景看好，跳槽未必是最好的選擇。不過，其他公司的薪水更為誘人，最高幅度是現在的一五〇%。

其次，有不少兼職工作可做，待遇也不錯，但會占用較多時間，可能影響她的主業。再者，她從網路上看到其他人的不少建議，例如貸款準備首付等金融方面的途徑，但她又擔心這對自己是個更沉重的經濟負擔。

類似的選項，劉小姐列了十多個，最後她猶豫不決，不知道應該如何選擇，採取什麼行動。這個目標看起來沒有實現的希望，就像她自己說的：「當參考選項很多時，我反而不知所措。」

很多人會以擁有強大的思考能力和處理龐雜資訊的能力而感到自豪，但思考過多以及同時多工處理就是件好事嗎？顯然不是。我們最需要警惕的不是資訊太少，而是選擇太多。

劉小姐如果只有一個選擇，就是在公司好好做下去，就能夠全神貫注將工作做好，與公司一起成長、加薪、升職，或許幾年後就會因自己是公司元老而變得舉足輕重。到時候，她實現自己的人生目標顯然是小事一樁。可是當可以參考的資訊太多時，面對無數的選項，她的判斷力就會大大削弱，也許會採取錯誤的行動。

因此，我們想要確實做好一件事，就得先讓自己的思考「化繁為簡」，在資訊大爆炸的時代，養成過濾資訊和精確思考的習慣。

史密斯說：「為了提高我們的思考效率，對外界資訊的篩選至關重要。」他的建議是，把關注的重點放到「有用資訊」上，不要關心那些偏離主要目標的資訊，哪怕是最好的朋友、最優秀的老師給你的任何忠告。如果這些資訊不符合你的需要，就要果斷的捨棄，別在上面浪費太多精力。「我們真正需要的『有用資訊』少之又少，可能只占每天接觸資訊的一％，甚至更少。因此該如何篩選，才是最重要的環節，要結合自身的情況確立一些原則，在過量資訊中發現那些有用的東西。」

原則一：用最少的精力

你要用「最少的精力」來獲取最有用的資訊，縮短做出正確決定的時間。例如我們經常上網買東西，在搜尋需要的商品資訊時，就要保證減少受到其他類別的商品資訊所影響，用最短時間找到符合自己條件的商品，然後完成購物。但在現實生活中，做這種簡單的事情也會因為過多的資訊而讓我們眼花撩亂，衝動的做出其他選擇。

在甘迺迪學院工作的佛萊妮就為此所苦：「我無法保持專注，即使買面膜這種小事，也會浪費幾個小時查看網頁。結果，我買了很多化妝品，卻發現最想買的面膜不在其中，過幾天還要重複這個過程。」

思考和行動的低效能，源自於我們對次要資訊投入太多精力，這種行為模式是人們在「消費主義時代」和「資訊時代」的主要特徵。

「接下來我要做一件事情，但重點是什麼？」這個問題時刻存在，可惜不是那麼容易解決。

原則二：找到自己需要關注的

你要重點關注那些「需要關注的東西」。以佛萊妮為例，她應該做的是如何在海量的檢索結果中找到自己所需要的資訊，而不是在點擊滑鼠中浪費寶貴的精力。

我對她說：「當你知道電腦是造成效率低下的元兇時，可以安裝一些工具來排除一切彈跳的視窗廣告，這能解決部分問題。同時你還可以在準備購物前寫張清單，像是『我只準備買一件保濕護膚品，別的東西看也不看』。」

列下清單可以具有提醒的作用，讓思考和行動的過程簡化幾個步驟，節省一些時間。但我的經驗是，想長期保持對資訊的精確管理，防止那些無關的資訊成群結隊過來打擾我們，就必須為自己設立一個重點的「關注面」。除此之外，不要再關心其他任何東西。

例如，我平時喜歡看世界各地最新的財經新聞，這些資訊對我至關重要，在閱讀和了解後，再轉化成自己的知識，對我的工作大有幫助。因此我每次上網篩選資訊時，就會對財經資訊保持關注，養成重點瀏覽的習慣，防止其他領域的次要資訊占用時間。這樣能讓我們用最快速度找到自己關心的問題。

原則三：建立資訊搜集的目標

為了完成更大的計畫，我們總是需要龐大的資訊。既然資訊那麼重要，我們每天又無法逃離四面八方湧來的新事件打擾，除非所有電子設備都被廢置，否則它們總會出現在眼前。就連喝杯咖啡休息幾分鐘，你也會不經意看到手機螢幕上跳出一些訊息，然後就會有更長的時間，甚至可能超過二十分鐘，都讓自己沉浸在裡面。

想要避免這樣的情況，你可以為自己建立資訊收集的目標，不管是長期還是短期，這個目標有助於我們思考、決策和指向明確的行動，完成重要的大事。這是用來分割無用資訊的一個有效方法。

- 你可以用專門的工具訂閱一些已經過濾的資訊，呈現出來的資訊既專業，也指向明確。
- 你可以根據計畫展開行動，主動收集工作需要的資訊，並且訂好工作時間，以免被無用資訊浪費更多的精力。
- 你可以明確資訊收集和思考的步驟，使用「第一步、第二步、第三步……」這樣容易操作的流程，並定期對流程進行簡化。

1.2 想法也要「斷捨離」

日本知名的雜物管理諮詢師山下英子，她在自己的書中闡釋了如何透過「斷捨離」原則來潔淨自己的思考和實現高效的人生。

「斷捨離」的本質就是：採取決絕的行動「斷絕不需要的東西，捨棄多餘的廢物，脫離對物品的執著」。它的要點是，我們要對自我真正的需求進行思考，看清哪些東西是重點，哪些東西無關緊要。

- 斷：不接納不需要的「東西」或「思想」，切斷它們進入自己大腦的管道；
- 捨：要捨得丟棄、阻絕無用的東西和想法，把它們從自己的房間和大腦中扔出去；
- 離：要遠離對於物欲和多慮的迷戀，為自己創造一個輕鬆舒適、自由自在的空間。

我以前也是一個想法很多的人，腦子裡裝著許多東西，就像一座擁擠的倉庫，不知道「斷捨離」原則的重要性。

二〇〇一年，正好是網路泡沫被「吹」到最大的時候，我也興起進軍網路產業的想法。那時我和史密斯、普利斯、周先生等幾位合作夥伴，每週都會熱烈討論這個議題：要不要也創一個網路公司？

在中國，新浪、搜狐和網易三足鼎立的局面開始形成，宣告入口網站時代的來臨；創立於一九九九年的阿里巴巴，宣布註冊用戶已經超過一百萬名，即將迎來獲利。那段時間，我幾乎進入一種執迷境界，做任何事情都會想到網路。

「可不可以做一個平台，透過融資打造一個銷售網站？」

「培訓公司有借助網路概念上市的機會嗎？」

「如何細分未來的網路商品？」

「我能否建立自己的互聯網平台？」

為此，我收集了大量與網路業有關的資訊，了解這個行業的前景。雖然我們的團隊基礎是做銷售而非ＩＴ，但我仍然擬了幾份與網站有關的商業計畫給其他合夥人。在團隊會議上，我嚴肅的說：「這是未來的黃金機遇，我們能否及時把握這次機會呢？」

最後，並不是史密斯等人的勸說讓我放棄這個想法，而是血淋淋的現實。因為發酵於二〇〇〇年的網路泡沫在二〇〇一年被刺破了，很多網站紛紛破產，投資者血本無歸。這時，我才猛然意識到：我們無比癡迷和執著的東西，有時未必是件好事。

斷捨離原則的意義就在於：它能讓我們達到一種清涼自在的境界，不被浮躁和功利的心態左右自己的思考與行動，從而簡化自己的人生，做好對自己來說最重要的事情。

其實，這看起來有點禪宗的意味。然而，實現簡潔與高效思考，就要有一種禪宗精神，不要捨不得那些臃腫不堪的外物和莫名其妙的雜念，而是統統拋棄，只去抓住讓自己感覺最強烈、同時也最需要的目標，再對它集中全部的注意力。

別想著過去，「現在」才最重要

你現在最需要思考和做的事情才是重點，其他一切都是空談。

有一次我碰見一名員工，別人都忙得不可開交，他卻坐在辦公室裡發呆，手裡拿著筆，眼神飄到窗外很遠的地方。三十分鐘後，我從會議室回來，發現他還是這個表情，只不過換了姿勢。於是，我請這個部門的經理過去了解一下。

「嘿，史丹利，在忙什麼？」經理問他。

「經理好，因為上一季的銷售有些問題。我犯了一個錯誤，丟了部門最重要的客戶。」他說。

「是的，我們已經討論過這個問題了。」經理回應。

「如果不是我填錯那個數字，客戶不會毀約。」他說。

「史丹利，我們已經第幾次談這個問題了？」經理說。

……

史丹利是名認真的員工，因為兩個月前的失誤，至今仍耿耿於懷。如果你是他的上司，是否認同這種過分自責的精神？站在他的角度，你是否也讚賞這種從錯誤中走不出來的作風？

我的看法是，既然錯誤已經發生，就要及時檢討。當檢討完成後，必須立刻切割，否則「過去」就成為影響現在和未來的負面因素。堅持遵循「斷捨離」原則，也包括與那些消極的思想和慘痛的教訓說再見，別讓它們困擾你現在的思考，影響你接下來的行動。

「過去」是已經發生的、無法挽回的事情。沒有人能改變過去，就像沒有人能改變死亡。因此，我們要忘掉過去，尊重現在，放眼未來。這是大家都懂的道理，卻不是人人做得到。

有些資訊很重要，但你「需要」才是重點

這些年我遇到了很多年輕人，他們總是侃侃而談，不僅知識面很廣，對事物的認識也很深刻，卻都存在著一個相同問題：當他們強調一件事情、一些事物的時候，我並沒有看到這些東西對現實有什麼積極的意義。

有些人長期沉溺於一段失敗的感情，幸福的過去如今變成徘徊他大腦中的陰霾。這段感情對他的人生非常重要，但對他的現在卻毫無幫助。

有些人花了很多時間學習炒股技巧，了解基金的知識，卻不曾採取實際行動，他只是覺得

自己想要懂得這方面的資訊。

有些人喜歡為一件事情做許多準備工作，收集資訊，制定計畫，調整狀態。他確實在這個過程中學到了很多，卻一直沒有實際付諸行動。

類似情況都屬於「對生活構成干擾的無關資訊」，從而影響我們思考那些真正重要的事情。雖然有些東西對生活的確很重要，但它們未必是你當下急需的。現在你應該做什麼？這才是我們應該關注的問題。

斷：切斷過去，不要讓過去的灰色記憶影響今天的決斷，也不要被以前成功的輝煌遮住了雙眼。

捨：建立高效直接的思考機制，捨棄那些不必要的細枝末節，抓住事物的核心，快速做出判斷，既不奢求完美，也不要追求絕對的完善。

離：遠離內心的消極思考和外在的消極因素，要以自己當下的目標為中心，圍繞這個中心，把所有不相干的資訊全部排除在外。

1.3 思考程度隨「環境」而定

史密斯是個喜歡在深夜處理工作的人，尤其近兩年來，他很少白天到公司，總是在晚上十點後打電話給我：「聽著，我上班了。」他的意思是，從這個時間點開始直到凌晨三點，我隨時可以聯繫他，討論公司業務。

他之所以養成這個習慣，是因為白天的環境讓人很難集中精力思考和解決重大問題，有時一些需要幾分鐘就能解決的小事情，也會被接踵而至的意外事件打斷，讓他無法深入思考。當他打算回覆客戶郵件時，總有其他電話或信件干擾；當他想把自己關在辦公室靜思對策時，秘書敲門說有兩位客戶遠道而來，必須見他一面。

也許我們平時很不喜歡這些意外打擾自己，但這也是快節奏的商業社會和資訊時代的必然產物；當我們享受著現代文明的一切成果，同時也承受它帶來的所有傷害。例如，它讓我們的思考變得越來越複雜：

- **我們總是需要處理太多的資訊才能找到答案；**
- **我們發現環境越來越不允許自己對每個問題都進行深度的思考。**

幸運的是，我們並非沒有選擇。史密斯將工作時間改到深夜，他愛上了每天晚上的這段時光。從晚上十點到凌晨三點的五個小時內，他獲得一個優質和充裕的思考環境，遠離各式各樣的瑣碎資訊，真正從容不迫的審視它們，從中找出最重要的工作。在安靜的環境中做出深度思考，實現單位時間最大的工作效率。

環境對人的影響無處不在。同樣一個問題，當我們身處會議室、商業論壇、酒吧、夜總會、咖啡廳和書房的思考效果截然不同，會呈現出極大的差異。

有的環境允許你有更多時間慢慢想清楚，甚至能夠美美的睡上一覺再做決定，因為睡眠有助於我們驅逐大腦中的垃圾資訊，比如書房；有的環境則不容許你有片刻喘息，需要在短短三分鐘內就想清楚事情的來龍去脈，給出一個明確答案，例如會議室、談判場所和商業論壇。前者可以實現深度思考，但在後面的環境中，你就只能學會用粗淺思考來做出高效的決策。

粗淺思考時，不要理會那些「為什麼」

史蒂芬是加州一家貿易公司的行政主管，也是一位粗淺思考高手，他具有讓人驚嘆的訊息處理能力和反應速度。他說：「沒錯，出色的工作要綜合考慮很多東西，但行政工作複雜而枯燥，你總是處在一個需要快速給出答案的環境中，沒有時間讓自己坐下來好好思考。當有工作讓我處理時……事實上每分鐘都有新的工作擺在桌上，我努力用幾秒鐘時間就要想到一個解決方案。如果你不知道怎麼做才對，那就選擇最省事的方案，它會在第一時間出現在你的腦海中。」

這位優秀執行者的經驗是：如果你沒有太多時間從一大堆問題中找到最精準的資訊，那麼就依賴自己的本能。不要理會那些「為什麼」，也不要在乎在眼前晃來晃去、來自不同部門的資料，因為你想到的第一個答案通常就是最可行的。

粗淺思考是一種優秀的能力，特別是在時間緊迫的情況下。如何對關鍵環節保持足夠的敏感度，便成為能否正確思考的決定性因素。

第一、粗淺思考要求你擅長把握事情的核心元素；

第二、粗淺思考的重點是用最短時間想到最關鍵的問題；

第三、粗淺思考適用於處理面臨海量資訊的重複性工作。

深度思考是針對主要問題重點分析

在更多的工作過程中，我們遇到的是另一種情況：工作對我們提出嚴苛的要求，要求我們的思考和反應盡可能精確、專業以及富有宏觀視野。這通常需要我們付出較多的時間去思考，對環境的要求也更高。

因此，對公司負有重責大任的史密斯，便把自己的辦公時間挪到深夜，創造一個有利於深度思考的環境。這樣做的好處是：

第一、我們有寬裕的時間整理資訊，並且從中提煉關鍵要素；

第二、我們有安靜的環境和輕鬆的心態，在壓力較小的氛圍中展開思考；

第三、我們處理的是較為重要和創造性的工作，深度思考能帶來更好的回報。

當我們所處環境符合上述三個要素時，一個人必然要放棄粗淺思考，轉而對資訊做全面的分析，以求面面俱到，制定一份具有技術含量的方案。不過，大部分人並不具備史密斯「隨意安排辦公時間」的自由，我們受制於公司的規章制度，不能決定自己的工作時間和環境；我們也受制於自己的人生狀態和不同的心境。這時，我們該如何實現高效率的思考和行動呢？

我向成千上萬的人提出過這個問題，並且鼓勵他們嘗試下面這些挑戰：

- 無論你接收到什麼訊息，都要同時給出兩個答案：一個是基於想像力和本能的，一個是基於理性和經驗的。看看這兩個答案，然後選擇最簡單的那個方法。
- 一個「極好」的想法，如果帶來的是讓人「煩惱」的結果，你能不能果斷的把這個想法從腦海中刪除呢？多數人會對失敗的好計畫耿耿於懷，但我建議你養成刪除它的習慣。

・為了更快解決一個問題，你能否不再用傳統「收集資訊增加更多問題」的思考方式，而是「減少資訊讓問題變簡單」的模式呢？這麼做違背了大腦思考的邏輯，雖然要令大腦接受有些困難，但它才是有效的辦法。

也就是說：簡潔的思考＋專業的本能＝高效的做到。

完成這些挑戰是一項長期工作，可以逼迫我們用簡單高效的思考來適應任何一種環境，直到充分體現「斷捨離」的原則：把一切不必要的資訊排除在大腦的決策機制之外。

一顆安靜的心，可以減少胡思亂想

在不同的環境中，人們會採取不同的思考模式來決定一些事情，並採取有巨大差異的行為模式。例如，一個失業的人不會去算一支股票在兩年後會漲到什麼程度，快速賺錢是他的思考模式；他也很少考慮早餐的健康搭配，好吃和填飽肚子是第一要件。與失業比起來，繁忙得令人窒息的辦公環境，對人們的思考具有類似影響力，讓你很難考慮到那些長遠的意義。

我的建議是：不管處在什麼樣的環境中，首先都要追求和擁有一種安靜的心態，保持清醒的頭腦，避免被外在干擾，不受環境壓力所左右，這樣你就不會因為一些雜念、其他資訊或意外因素的干擾，而改變思考的本質與方向。

1.4 拋開多疑的消極心態

洛杉磯當地一位婦女克里斯芬，在泛亞財務保險公司當會計，擁有一份收入頗高的工作，還有一位愛她的老公和三個孩子。她的家庭生活幸福美滿，令人稱羨。但性格多疑的她，因為疑心與過度敏感，漸漸為這一切美好生活蒙上了陰影，最近也出現很多問題。

她說：「我發現自己有時候會因為無意中說了一句錯話，就自責不已。我會翻來覆去考慮這句話產生的後果，沉溺其中無法自拔。別人會不會因此誤解，會不會不開心？我經常胡思亂想，既要顧及別人的感受，又懷疑對方是不是在背地做對不起我的事。他們一個不經意的眼神和一句脫口而出的話，就會讓我寢食難安、胡思亂想。」

在平時的工作和人際交往中，克里斯芬是個「背著石頭走路」的人。她總覺得心裡有個包袱放不下，潛意識中認為凡是積極的東西都是假象，背後一定有見不得光的秘密。這種心態影響了她在工作中與同事的合作，有很多事情因此變得複雜，她與同事的關係出現裂痕，效率降低，上司對她很不滿意。

更糟糕的是，克里斯芬和丈夫的感情也開始面臨考驗。有一次，丈夫傍晚打電話告訴她要加班，晚上十一點前不會到家。這種事很常見，無數婦女也都會遇到丈夫加班到很晚才回家的情形。但克里斯芬的內心隱約產生一些不安，她從放下電話的那一刻起，便開始想像許多不正常的場景：

老闆沒要求他加班，他主動留在辦公室，難道是為了與加班的女同事多說幾句話？

他沒在公司，不知道去了什麼地方，或許有不可告人的秘密？

他對我沒感情了，但怕我傷心又不想說出來，因此藉口加班躲著我？啊，我想想，今天是他這個月第幾次「加班」了？

這種疑心病一旦在內心種下，通常會像種子一樣瘋狂生長，讓人欲罷不能，腦袋亂成一團。此時的克里斯芬已經無法理性判斷，做晚飯的興致也沒了。她打電話訂了外送披薩，和孩子一起簡單吃了幾口，任由他們在樓上玩耍，自己則坐在客廳的沙發上發呆。

等到十一點時，她更加緊張，死盯著家門口等丈夫進門。這時她想：如果丈夫準時回家，就證明我可能錯了。很遺憾的，這天晚上克里斯芬的丈夫一直到凌晨一點，才拖著疲倦的身軀回到家中。

這次「事件」差點造成他們婚姻破裂。克里斯芬想多了，她的腦子在這件簡單的事情上多拐了十幾個彎，一直走進了死胡同。原本打個電話求證就能解決的事情，她卻任由自己的疑心和敏感控制大腦，放任那些想像出來的負面訊息像藤蔓繞樹一樣長好長滿。於是，在她的質問下，丈夫找來律師幫助辦理離婚事宜。

幸運的是，克里斯芬的鄰居得知後告訴她：「親愛的，你冤枉丈夫了。他是個好人。那天晚上我看見他公司的執行長親自開車送他回來。如果不是在忙重要的工作，哪家公司的老闆會親自送員工回家呢？」克里斯芬這時才恍然大悟。

心理過敏，懷疑身邊所有人

這種情況在生活中屢見不鮮，它是影響我們思考與判斷的主要消極因素。有時候，我們總想到對自己不利的部分，任何事情或親密關係都存在著這些讓自己起疑心的小事件，使自己止步不前，停留在沒有必要的思想鬥爭中。像是我們總覺得有人背著自己說壞話，正在嘲笑或指責自己，於是對雙方的溝通、合作造成負面影響；我們在某些關鍵時刻也總是不相信身邊的每個人：「誰是我最可靠的心腹？」更是不少老闆內心都有過的疑問。

多疑的心態會對我們的行動造成不良影響：

首先，自我感覺欠佳↓產生自衛意識↓行動瞻前顧後。

簡單的說，就是「心理過敏」，在人的大腦中生成一根嚴陣以待的「防禦型神經」（與「進取型神經」相對），產生極強的自衛意識。這時，你可能聽不進去任何批評意見或別人的勸解，你會把所有的訊息都往消極、負面的方向聯想，並體現在行動中。一個人在這種狀態下很難採取積極行動，即便意識到問題也總是在「不確信」的思考中掙扎。

其次，不切實際的期望→現實遇阻→產生疑慮和憤怒。

多疑和敏感也會讓人產生一些不切實際的期望，對事、對人的期待過高，希望別人做得更完美。例如，你可能在開會時，希望同事完全接受自己的意見；也可能在與客戶合作中，要求對方必須無條件滿足自己提的一切要求。

然而，事實經常不盡如人意，理想總是豐滿，而現實卻無法預測。於是，你覺得自己受到打壓，覺得別人背叛你，好像對方故意與你過不去。當你總覺得別人對你有看法時，思考的方向就產生偏差，繼而影響到最後的行動。這時即便有再好的想法，也無法實現。

找出多疑和敏感的根源

我們在克里斯芬這樣的女強人身上，也能看見思想的不確定性。多疑存在於任何一個人的大腦中，讓我們的思考變得更為複雜。當我們對他人有成見、偏見或者過於敏感時，你要想想自己為何會這樣，把根源找出來，這樣才有機會解決這些問題。

• 自負是種潛在病毒：以主觀想像代替客觀現實的「思考」，會引發盲目的自負，在自負心理的驅動下，你總希望得到別人誇獎。如果這個願望落空，就會對周邊環境產生多疑心態，進而拒不合作。

• 高度發達的自尊心：自尊心太強的人怕被人背後議論，也擔心自己偶爾失敗。他們表現出對他人不能完全信任，對與自己有關的事物，傾向於完全掌控來獲得安全感。克里斯芬的多疑就是源自於此。

• 波動的情緒：在現代社會，人們的情緒越來越緊張，訊息量越大，這種趨勢就越明顯。當你內心的波動較大時，便容易對較小的刺激產生強烈反應，更重視那些負面資訊，被不安的情緒籠罩，影響自己積極行動的能力。

• 自我保護心是不是太強了？過於自我保護的心態會讓你對外界的刺激時時充滿警惕，一丁點小事都會刺激到你敏感的神經，因而不分青紅皂白懷疑別人，給自己和別人增添麻煩。

我們在生活和工作中遇到的「絆腳石」，也許正是自己製造的，而不是別人跟你過不去。這些負面因素是壓在你心頭的一塊巨石，讓你每天疑慮重重，優柔寡斷。你會在關鍵時刻缺乏對自己正確的評價，不是過於苛求就是過於貶低；你會衝動的認為自己能力受到打壓，從而產生憤慨心理。

有些「人為」障礙，是自己想出來的

我曾遇過一位部屬，他平時是個安靜內向的人，但在一次部門會議中突然爆發，強烈指責公司的高層領導對他不公。他用五分鐘、甚至更長時間當面批判在場的每一個人，翻出許多陳年往事。現場所有人都驚呆了，沒料到這麼一個好好先生卻在心中藏著一本「帳」。

然而，事實上是他自己「想太多」。他並非能力不好，而是人為的給自己製造障礙，對同事的態度過於敏感。他用疑心代替信任，用消極怠工代替積極協作。於是，這讓情況變得更加糟糕，沒人願意和一個不相信自己的人合作，也不會有人真正幫助他。即便之前人們有過友善的想法，也會因為他的消極抗拒而慢慢消失。

克服多疑的思考模式是場長期抗戰，你一定會遇到挫折和失敗，因為你是在跟自己內心深處堅不可摧的潛意識進行一場殊死搏鬥，畢竟改變潛意識總是困難的，你要用盡全部精力拆掉自己構築起來的「戒備之牆」，驅散裡面所有的不良資訊，優化思考，那麼，就必須給予它真實的證據。

我們的潛意識拒絕假證據，所以永遠不要妄想欺騙它。你需要重新思考一下自己的價值，理解周邊的環境，從中找到有利於自己採取積極舉措的事實。只有這樣才能逐漸消除多疑的思想，讓那些負面訊息不再對自己的思考構成威脅，為接下來提高自己的行動效率打下基礎。

1.5 確立方向後就勇往直前

在與世界不同國籍的人士工作中，我發現一些有趣的現象。例如：

美國人在工作中擁有極高的決策效率，下決定很快，行動也十分迅速。他們經常會停下來對工作中的不同細節進行討論，在行動中逐步完善計畫。與美國人合作是愉快的，因為他們和中國人一樣，非常習慣一邊行動一邊完善想法，不在乎為此多花一些成本。

日本人通常想得太多，瞻前顧後。他們顯得太謹慎了，做計畫就像準備一場戰爭，每個環節都要事先經過大量的論證，詳細規畫每個細微的環節，乃至每一分錢的用處。與美國人相比，和日本人合作是痛苦的，不過，日本人一旦下定決心，在行動效率上就會遠遠超出其他國家的人，他們在執行中很少考慮「值不值」的問題，是絕對無條件的執行者，是每個老闆都求之不得的員工。

在講授「顛覆式思考」課程中，我向學員提出兩個完全相悖的問題，並要求他們快速提出自己的見解：

第一、「我制定了一個方向，然後堅決的執行，最後成功了，為什麼？」

第二、「我制定了一個方向，然後及時的調整，最後成功了，為什麼？」

這是對立的思維方式，還是截然不同的行為模式呢？來自俄亥俄州的學員拉里解釋說：「我的理解是，對於成功來說，制定方向並不是最主要的一步，關鍵是我們是否相信這個方向正確。調整行動方向的原因可能才是這兩個問題的核心。」

重點就在這裡，當你設立一個目標時，你在什麼條件下才會認為它是錯的？是眾人的指責，還是自主的醒悟？能不能在外界的干擾中掌握方向，是我們應該思考的環節。

害怕別人的指責，結果是……

一九一八年，猶太裔德國化學家弗里茨．哈伯聯合上百名科學家共同反對「相對論」，他們覺得愛因斯坦是個瘋子，指責聲此起彼落，聲勢浩大。但愛因斯坦沒有因此退縮，也沒有被這些「權威聲音」左右思考。他說：「假如相對論是錯的，一個人推翻它就夠了，用不著這麼多人。」他在異見中大膽的堅持方向，因為他相信自己是正確的。

這便是思考與行動的關鍵：當你無比相信時，你總能做到。反之，即使是一陣微風吹來也能讓你掉轉方向。

在電影《艋舺》中有句台詞：「你知道嗎？風往哪個方向吹，草就往哪個方向倒。」那麼，現實中，你是被風吹來吹去的草嗎？

拉里以前是個被「指責」或「讚美」牽著鼻子走的人。他在俄亥俄州首府哥倫布市的一家設計公司做了五年，這段漫長的時光，是他工作經驗中的重要部分。然而，對他而言，這段經歷卻不堪回首。「我沒學到東西，」他說：「我唯一的印象就是，當別人提出不同意見時，我總是避免不了放棄自己觀點的結局。別人反駁幾句，我就認為自己是錯的；別人讚美幾聲，我才覺得是對的。」

拉里害怕同事的指責和上司的批評，來自於別人的一絲不滿也會讓他忐忑不安，對自己正在做的事情滿是擔憂：「難道他們的想法才是對的？」這是一個糾結的過程，他權衡內心不同的選擇，最終只好向環境妥協。

所以，拉里認為自己在哥倫布市的設計工作極其失敗，儘管他用五年時間賺到了美金五十萬元。但他欠缺行動力，特別是獨立遵從自己意志的高效行動，這使他有一種強烈感覺：過去自己所獲得的成功，都是別人的。為了逃避別人的指責，只能一直順從他人的意志。

你會因為人們一句話就改變方向？

針對這個問題，我們在二〇一一年籌組了兩百人的調查團隊，在全球五十座主要城市展開一次大規模的調查活動，我們借助各地的市場研究諮詢公司針對月收入在美金五百元以上的族群發出郵件問卷，邀請他們提供自己的真實經歷和看法。調查歷時一年半，共計收到十三萬份回信。

在這些問卷中，我們發現：

月收入在美金五百至一千元的族群中，超過七二％的人表示，自己從小到大有過許多類似的經歷，經常因為老師、父母或朋友的一句勸告，就放棄了自己的觀點，其中不乏高考擇校、就業方向、買房、創業等重大事件。

月收入在美金一千至兩千元的族群中，有三四％的人反映，他們在人生的十字路口接受了別人的勸解，但不久後就感到後悔，有些人及時回歸自己的主見，但也有些人隨波逐流，沿著別人給自己設計的道路走到今天。

月收入在美金兩千至一萬元的族群中，有一六％的人曾遇到過這種七嘴八舌的情況，並在一定程度上產生動搖，他們覺得吸收有益的建議是必要的，但問題是許多選擇在當時無法判斷是對還是錯，有些決定需要時間的驗證。

月收入在美金一萬元以上的族群中，只有五％的人認為，自己可能被別人的一句話說動而改變行動方向，但同時強調，他們需要一個有充分說服力的理由，否則仍會堅持己見。

有位北京的受訪者在郵件中附上一篇自己的文章。這位從事服務業的女士說：「雖然我認定自己的思考正確，但當有人提出另一種建議時，我還是不免受到影響，對何去何從相當猶豫。最後，我總是傾向於放棄自己的想法，採納別人的主張。考大學時，我因為親戚的一句話永遠告別了自己的理想，沒有選擇自己最喜歡的電腦專業。大學畢業後的第一份工作，是父親的意見讓我思考了幾年的計畫付諸東流……所有的關鍵選擇，彷彿都是別人替我做的。因此，現在我是飯店的服務人員，從事以前想都不願想的職業。」

這位女士並不是「居家思考派」，但她仍然走上自己並不喜歡的人生路，原因就在於她過於在乎旁人的負面評價，在眾多的可選資訊中無法堅持己見。

當然，這並非一個對號入座的調查，而是一組可供我們參考和調整的資料。雖然很多人一定能從中發現自己的影子，但重要的是結合自身的經歷記取教訓，從此學到一個重要的原則，誠如美國作家拿破崙．希爾所說的：「當你準備行動時，記住，沒有人能決定你的方向，你才是自己的法官。」

行動技巧 ❶

「化繁為簡」：別讓太多資訊干擾自己

- □ 1. 為自己建立資訊收集的目標
- □ 2. 捨棄多餘的想法，丟掉不必要的執著
- □ 3. 要因地制宜，運用深度思考 / 粗淺思考
- □ 4. 找出敏感和多疑的根源，克服它
- □ 5. 向愛因斯坦學習，在異見中依然堅持，相信自己是對的

方法2

減法思考

2.1 列出所有想法，修正「無用的思考」

看到這裡，我們已經清楚知道自己的思考和行動之間出現什麼問題。現在，是時候給出一些明確的步驟了！

把腦子裡所有想法「寫下來」

針對人們在行動效能方面的諸多現實問題，本章將重點探討簡化思考對於提升行動力的重要意義。這意味著我們要集中精力，投入與行動有關的思考上。我相信理解和徹底貫徹這些內容至少需要十四天，因此我們設計了一個為期兩週的「思考簡化」課程，希望用「減法思考」來改造原有的思考模式，實現高效決策和行動。

現在，請先放下書，不需要刻意思考，立刻說出所有跳入或一直盤旋在你腦海中的想法、計畫、困惑，邊說邊寫，一直寫下去，想多少寫多少，直到沒有東西可寫為止。這時你再盯著它們看，會不會對紙上的這些東西感到陌生呢？

這是個關於直覺的有趣實驗。在羅列出的所有想法中，大概會有五〇％的內容讓你產生與平時完全不同的精神體驗。當它們只存在腦海中時，你會感到苦惱或勞累，但這並不代表這些想法是無聊或沒有意義，只有明確寫出來時，你才會想到要問自己一個問題：

「這些念頭對我有何意義？」

我經常有這種感覺：當想法如同亂麻般在大腦中堵塞通道時，感覺它們都是迫切需要解決的問題，但是，如果把這些想法或計畫逐一化為文字，會對這些尚不成熟的想法或計畫產生新的疑問，重新進行思考。

我特別喜歡在深夜運用這個簡單的方法為自己減壓，這是貫徹思考簡化課程的第一步，也是簡潔有效的方式。我打開檯燈，鋪開一張紙，在燈下緩緩寫下這一天對生活、工作和其他事情的看法與目標：

- 有位客戶的電話三天來始終打不通，我打算嘗試其他方法；
- 辦公室的空調上午就壞了，到傍晚也還沒安排維修；

- 女兒第六次要求帶她去迪士尼樂園；
- 今天再次錯過妻子的消費帳單繳款；
- 身體不舒服，但記不清是第幾次忘記去門診檢查；
- 在公司發火，事後又懊惱，因為覺得發火不能解決問題；
- ……

我想到什麼就寫什麼。半小時後，神奇的事情發生了，隨著紙張上的內容越來越豐富，我感覺大腦越來越放鬆，就好像一盆水慢慢被倒光，騰出大量的空間。在燈光下，思考也因為想法都化成文字而變得清晰。我能從這些文字中看見問題，也能想到新的思路。

所有想法都擺在桌面上，好的、壞的，積極的、消極的；生活的、工作的、朋友的、家庭的。一個個詞彙排好隊在我面前攤開來，就像在牆上展開的一張便條紙，一目了然，我可以輕鬆查看，整理出自己最近的想法。

這是一份「思想清單」，也是一張寫滿各種情緒的統計表格。上面記下思考的難處，包括消費最多精力的事情；也寫下最高價值的目標，還有每天排在第一的要緊工作。用清單把它們串聯起來，我們就能從上面看到一個清晰的方向，知道下一步應該付出什麼努力。

神奇的思想清單

在這張詳細的「思想清單」上，我們列出腦子裡正在進行的全部工作。哪些思考有用，哪些無用？人們有時會在這個環節上不知所措。例如，一份已執行兩年的計畫如何確定它其實是「食之無味，棄之可惜」的「無用思考」呢？放棄這樣的計畫一定意味著我們過去很多的投入都付諸東流，做出這樣的決定很痛苦，那麼，我們該如何判斷是不是棄之可惜呢？

我們需要一些明確的原則來對這些想法進行整理，先把它們歸納分類，再依據不同類別的整理原則做出最終的決定。

積極的↓留下：在我的「思想清單」上，所有積極的想法和事項都會被畫上清楚標記，這是待完成的事情。例如，新客戶的聯繫資訊與合作需求；週末去郊外散心的計畫；為妻子購買生日禮物的打算（儘管還有三個月）。這些屬於積極思考，應該標記出來，備註完成的時間。

當下的↓重視：女兒「到迪士尼樂園遊玩的計畫」、應該盡快聯繫上的客戶和該維修辦公室的空調，這些屬於同一類：當下需要完成的事項。清單上的這部分是思考的重點，我們可以用「當下」的標準把它們劃分出來，單獨做成一項計畫，盡快行動並予以解決。

消極的↓切除：對消極的思考要運用「斷捨離」原則，從大腦中隔離並切除掉。例如，你會在公司發完火後幾天內仍念念不忘嗎？你會糾結於一次工作的失誤而反覆的重新思考、給自己增加不必要的壓力嗎？你會因為一次吵架就刻意忘記要送妻子生日禮物嗎？這些都是消極的思考，找出來，並且把它們統統刪除掉。

無關的↓封鎖：你也能從中發現很多思考是無關的、多餘的、沒有必要的，像是國家大事、世界經濟形勢乃至歐洲難民危機，抑或全球股票市場的走勢（因為你或許並不是個熱中炒股的人），還有鄰里瑣事、同事的八卦新聞、老闆的隱私等。你要想著做好當下的事，永遠不要把精力放在這些地方，多數情況下，它們與你無關。要提高自己對於「重要事務」的思考效率和行動力，就必須去除這些與你無關的思考。

2.2 借雞生蛋，把各種資源為己所用

生活中你需要看一看和想一想：「有沒有可以完全借鑑別人的思考、不需要自己絞盡腦汁思考的行動策略呢？」在工作節奏越來越快、思考環境越來越嚴苛的今天，我們要學會融合其他人的經驗，將各種資源都為己所用，從而簡化自己的思考流程，同時降低我們決策的難度和行動的風險。

在一次講座中，我舉了「借雞生蛋」的例子。別人有雞蛋，也有雞，但是你什麼都沒有，該怎麼辦呢？這是一個經營思考題，也是和行動方案有關的設計題。

有人說：「花錢買蛋吃，養雞太麻煩了。」

也有人說：「花錢買幾隻雞。」

還有沒有其他更便捷和省錢的方法呢？有，「就是去借雞」。

我可以向鄰居借一隻母雞，一年內下一百顆蛋，一年後歸還時，拿其中五十顆蛋作為利息，自己還賺到五十顆蛋。重點是，我完全不用付出買雞的成本，就有了五十顆雞蛋的收益。

這個故事要表達的除了經營智慧，還有很多領域的啟示。能借到的東西，未必要去買，更不需要自己製造。這就像我們要設計一架太空梭，眼前已經有美國人公開的一些方案和成功經驗，你還需要從頭開始嗎？根本不需要！這些步驟都可以省略，因為前人已經用自己的行動告訴我們：這樣做可以，那樣做不可以！

思考的效果並不是由過程決定，也不取決於我們投入多少精力，而是能夠動用和借用他人多少智慧，並且快速落實到具體的行動中，就會成為我們的智慧。

善用別人的經驗，借力使力

做生意的人都清楚，「借錢」對投資經營的重要性。一個不會借錢的人成不了企業家，也不會成為投資理財大師。可以這麼說，任何不會借錢的老闆都不是好老闆。經營企業如此，思考與行動也是如此。當別人有現成的好方法時，為何不直接使用呢？既能節省自己的寶貴時間，也能少走冤枉路，實現高效行動。

在二〇一五年的公司招聘活動上，有位先生從東岸波士頓趕來西岸洛杉磯應徵。面試時，他拿出厚厚一疊專業證照，證明自己有多優秀，他不僅獲得哈佛商學院學位，在普林斯頓大學進修過，還在亞洲地區擁有豐富的生活經歷。

「我很喜歡與華人共事。」他說，「我迷戀中華文化，願意在貴公司長期工作，哪怕派我去中國常駐，我也很樂意。」

只是，傲人的學歷證明和一顆熱誠的雄心，就能為我們公司解決一切問題嗎？

顯然不是。公司的面試官希望他接受一個小測試：「如何在兩小時內搞定一部公益廣告的拍攝工作？請在三十分鐘內告訴我答案。」

計時開始後，這位先生迅速陷入緊張的思考中。他時而緊鎖眉頭，時而振筆疾書。二十分鐘後，他交出一張寫滿文字的Ａ４紙。這是一份完整的廣告企畫案，有劇情大綱、演員名單、拍攝經費、發布媒體、公共關係配合、後期回饋等，各個環節一應俱全，十分詳細。

但是面試官面露失望之情，搖搖頭對他說：「很可惜，你沒有被錄取。因為搞定這項工作十分簡單，你只要打個電話，請一位拍攝公益影片的導演就行了，讓對方規畫具體的方案，他有的是經驗。」

這就是借力思考的真諦，與企業管理中的授權有異曲同工之處。其核心原則就是：

第一、如果有現成的經驗，馬上借用；

第二、如果有人可以幫你思考，立刻請他協助你行動；

第三、如果有可能，做任何事都應該第一時間借助別人的本領，你要擁有這種敏銳的嗅覺。

隨時有「備案」，簡化思考步驟

多年來，我與史密斯在合作中養成一個習慣：每當要決定一件事情時，我們會大量收集相關資料，到了會議前一週，就會提前準備好與專案有關的各種可能方案。這些方案有些是我們自己想的，有些則是同行的成功案例，還有些是平時公司內部的創意靈感——我們特別成立一個「靈感庫」，會議中每個人的點子都有機會保存在裡面，以備不時之需。

如此一來，我們驚喜的發現，實際思考和決策過程變得非常快，往往只要幾分鐘就能找到正確方向，不需要臨陣磨槍或耗時費力討論。這對後續快速行動極為有利，很多計畫和工作都能迅速展開，避免發生拖延的情形。

創造性思考不是變魔術，而是一個人多年累積和理性計畫才能實現的厚積薄發。這個世界上沒有多少人能擁有隨機應變的思考效率，大部分人都依賴平時勤奮琢磨，掌握那些解決問題的基本方法，借助已被無數事實驗證的成功經驗，建立自己的「靈感庫」，用計畫的「備案」來省略思考步驟，很多問題並不需要我們花費時間臨時創造新企畫，只要把成熟的經驗拿出來使用就可以了。

2.3 停止思考與「成果」無關的想法

納西姆在矽谷從事科學研究工作十幾年，擁有豐富知識，也幹勁十足，但這些年下來的專業成果卻很有限。研究機構給他的經費高達美金上千萬元，最後問他結果時，納西姆幾乎是兩手空空，只做了些基礎研究，沒能拿出像樣的應用技術。他在具體的研究中繞了很多遠路，每天想的都是怎麼發表論文，雖然在權威雜誌上發表一大堆學術文章，但是真正有意義的東西卻很少。

這裡說的「意義」是：科研的目的是現實應用，而納西姆的研究都只停留在理論分析。自研究機構離職後，納西姆宅在家好幾個月。有一天，他終於想通了，自己從事這麼多年的研究工作，原來一直沒有思考其本質。

那麼，要如何將思考和成果結合呢？如何改變思考脫離正軌的弱點呢？

就像建築師不可能天天在工地砌磚頭，因為砌磚頭是建築工人的工作，建築師要做的是設計一棟房子的架構和風格，而非在工地現場某個局部細節是否完美、某個拐角是否需要多加一塊磚。所以，在工作前要先定位自己的角色：

你是建築設計師，還是工人呢？

一旦你所承擔的任務和目標決定了思考方向，不管什麼工作，都不能忙於思考那些無用的理論，除非任務本身就是研究理論。就像納西姆一樣，當他每天來到研究機構上班時，腦海中浮現的第一個念頭是什麼？他有沒有想過，自己日復一日的工作是否和目標吻合？如果他能早點思考這個問題，就不會花了十幾年，只做出一堆對目標毫無幫助的「成績」。

認清高效思考的本質

我去矽谷參觀時，認識一位德國籍科學家格蘭菲迪，他主要的研究領域是人工智慧，已經有二十年的豐富研究經驗。因為在業界頗有名氣，許多公司出重金搶人。格蘭菲迪的工作方法很簡單，他不是鑽到複雜的理論中碰運氣，而是針對一個具體功能開發實際的應用程式，看看運作時有什麼問題。如果沒問題，就繼續優化提升；如果有問題，就找出來解決掉。

他說：「應用才是人工智慧的核心問題，根據這個方向，再提出一些具體的本質提高方法，去思考如何解決應用問題。創造有意義的演算法，提高機器的性能，並轉化為實際應用的能力，這就是我的工作。」

具體來說，我們需要遵循以下兩個原則：

第一、把「實用問題」作為思考的重點，把「現實意義」作為行動的指導；

第二、不要進行無用的思考，而是以結果為目標。

遵循這兩項原則，思考就不再是花稍和散漫的工具，而是真正具有創新力能解決問題的途徑。透過認真思考具體的問題，尋找解決方法，就能避免許多無謂的浪費，提高思考的效率，最終得到自己想要的成果。

2.4 切割「無用的思考」和「行動」

正如我在上述章節中所提到的，「無用思考」是個棘手的問題。人們每天浪費許多時間在思考無用的事物上，導致精力分散、思想疲憊，但對解決問題沒有幫助。思考的目的不僅僅是提高我們的思想，更重要的是要提出一整套解決方案。

我們都知道，用最經濟的手段解決問題才是有用的思考，但要如何做到呢？「無用思考」未必都是有害的，但想太多的結果可能只想到問題的一部分，並衍生出新問題，導致拿不出最終的解決方案，行動半途而廢。

第一步：擁有絕對的自信

缺乏信心的人容易想太多，特別是當他看到、聽到一些專家達人提出相反觀點或暗示時，外界的干擾會讓他很快放棄自己的立場：「我的方法是不是很差？這個問題看來不好解決，我是否應該另找策略？」對人們來說沒有信心是個很大的問題，也是重要的心理障礙，容易讓人拋開既定的計畫，掉進無用思考的陷阱。

一旦你沒有解決問題的信心，內心的暗示就會把你引向另一條錯誤的道路。你不能放手一搏去思考，也不敢觸及真正的問題。你會一直繞著目標轉圈，思考和行動都缺乏突破性。

要去除內心這種「我不行」的暗示，就要為自己建立絕對的自信：

- 「我不需要做這麼多鋪排工作，因為我有能力一擊中的，直接解決問題！」
- 「我完全可以獨自承擔這項工作，因為我的思考是對的，不需要聽別人的意見！」

要充滿自信的結合思考和目標，鎖定主要的目的進行思考，排除一切無關資訊。你要告訴自己：「我不需要那些資訊的支持，我擁有足夠的知識，我掌握的技能可以直接解決問題。」當你準備開始行動時，要把全部的時間和精力都聚焦到目標上。

第二步：鎖定自身優勢集中思考

法國社會學家列維·布留爾在《原始思維》一書中，詳細探討了人類的思考習慣和行事心理：「我們大多數人看似為自己而活，實際上並非如此，大都是依照集體意識在行事。這種趨於盲目的集體意識往往是中庸的，也是隨波逐流的。可是解決本質問題不能僅依靠集體意識，還要靠自己獨特的思想。」

在實際行動中，人們容易受到集體暗示的影響，偏離自己既定的軌道，甚至裹足不前。這時候，人們忽視或者在潛意識中忘記了自身優勢，很難集中資源去思考。這時候，只有去除這些集體暗示帶來的影響，才能真正解決我們面臨的問題。

有時候，「思考」不一定有意義。例如：當你在做一件重要工作時，上司正等著你的彙報，而你突然想到自己要去辦簽證，於是把精力轉移到如何辦理簽證上。雖然辦簽證這件事情也很重要，但如果它阻礙了當下正在處理的要事，就會成為一件不折不扣的壞事。

當思考阻礙行動時，好事變壞事

再舉個例子，午休時，你正準備要吃午飯，突然想起這個週末的旅遊計畫。於是開始找起資料，花了許多時間。旅遊計畫雖然很重要，但不是當下該做的，結果不小心錯過午飯時間，整個下午就只能餓腸轆轆的繼續工作。以上這些例子，都屬於阻礙行動的思考。

我曾收到許多讓人哭笑不得的讀者來信，像是這一封：

「高老師，我為了減肥煞費苦心，現在終於要行動了。我打算傍晚就開始運動，但是我不知道運動前應該吃蘋果好，還是喝杯優酪乳。另外，我到外面跑步要不要搽隔離霜？路上有很多灰塵，這是件麻煩事。而且因為跑步會流汗，搽了隔離霜後，毛孔堵住怎麼辦？跑完步後，是要立即洗臉，還是得等一會兒？運動真的好麻煩，我真的為此很糾結。」

讀著這封信，我的眼前浮現一個特別彆扭的女孩：她思前想後，為了這些繁瑣的問題愁眉苦臉，她迫切想解決圍繞著跑步的這些附加問題，反而忽略跑步這件最重要的事。到最後她的決定就是：不去健身了。

你看，思考本來是件好事，但未必全是有益的。為了執行一個好計畫，你想得太多，很多思考就變成了耗費精力，最終妨礙了行動。

不去思考，縮短分析和判斷的時間

有時候，分析和判斷一件事物「是否有用」的過程，若是因此占用了你大量時間，可能引發很大的副作用。

我們每天要選擇或放棄各種不同的事物：包括，早餐要不要多吃顆蛋？等等上班要穿黑色或藍色襯衫？去見客戶是坐捷運、計程車，還是自己開車？今天要去理髮，我想換什麼髮型？要跟新進員工開會，我應該要給個下馬威，還是面帶微笑、表現平易近人？……

諸如此類，這些念頭像飄蕩的柳絮一樣，在我們眼前晃來晃去。如果每件事都拿來認真思考和分析，你會發現自己一天下來什麼事都做不成，一直待在原地，因為你還沒想過這些事情究竟應該怎麼辦，反而耽誤了重要的工作。

縮短分析和判斷的時間，減少無用的思考，最佳策略就是「不去思考」一些事情。

對於那些沒有實質意義的選擇或目標，抱怨和絞盡腦汁的設想能解決問題嗎？即便是動用一丁點心思在上面，我們所獲得的「投入產出比」也是極低，並不划算。不去思考，讓本能決定，讓踏實有力的行動和現實來推動它們自動給出結果。例如：

- 「天哪，我何時才有一個又高又帥的男朋友？」——不要想，努力工作，努力健身，保持好的氣質，就會有優秀的男士喜歡你。
- 「我能不能成功打敗對手，出任公司的CEO？」——不要為此夜不能眠，多想想怎麼做好業績，讓董事會認可你的成績。
- 「我天天運動累得跟狗一樣，幾個月後能不能瘦個五公斤？」——不要把它當作一件傷腦筋的事，因為你無法決定最終的結果，就讓它順其自然吧！

對於大大小小、接連不斷的念頭來說，其中幾乎九〇%對現實生活都沒有任何幫助。我們的大腦喜歡胡思亂想，把重點放到那些並不關鍵的環節上，但有一萬種可能性決定了我們無法實現這些麻煩的目標，所以思考它們總是頭疼和沒有價值。沒有巧妙的方法，也沒有捷徑，最好的作法就是不處理。只有不處理，才能真正節省我們的精力。

雖然思考讓人進步，但過度和過多的思考會為我們帶來痛苦，讓我們受困於消極的情緒。無用的思考影響著我們的行動，會讓一個人變得死板、沉重和了無生趣。當思考妨礙到行動的效率時，我們就必須採取措施，與行動劃分隔離。調整思考的方向，才能讓我們更有效率的「做到」。

2.5 簡化多屬性，迅速做出精準決策

我曾多次目睹朋友買書的經歷，也經常有朋友邀請我一起去洛杉磯最大的書店，他們請我提供建議，但總會在「複雜的決定」中不知所措。

有一次，在唐人街開餐館的朱先生走進書店，他徘徊在六七本書之間無法拿定主意，不知道要買哪一本。他肯定不是錢沒帶夠，他頭頭是道分析著每本書的優劣，講出這些書的不同特點，但他不清楚自己到底需要哪本書。

我安靜的站在旁邊，絕不插嘴給他建議，我要看看他最後怎麼辦。三十分鐘後，朱先生聳聳肩，雙手一攤：「我還要不要買？」結果，他一本也沒買，與我一起失望的走出書店。

有些朋友則是和朱先生相反，不是過程相反，而是結果相反。朱先生索性什麼書都不買，有人則索性全部買回家。我知道，這個人回家後又是一場思考與選擇的大戰：「我到底要看哪一本呢？」這樣的思考戰爭無時無刻不在他的腦海中進行。

凡事三思而後行，重點在於「行」

購物是個非常典型的例子，一件物品會有多種特性，或者我們面對多種物品做不出那個唯

一的決定。「精準決策」並不容易，因此我更欣賞那些做事少根筋、靠本能和直覺做出反應、並毫不猶豫的人；我在招聘時也喜歡錄用思考直接、行動快速的員工。我總是希望人們在工作中不要思考太多，不要瞻前顧後，而是把主要的時間都放在行動上。因為思考和選擇不會為我們帶來任何收益，之後的行動才會。

就我多年的觀察和培訓經驗來看，遇到問題直接乾脆俐落解決的人很少，只占不到七％的比例。其他多數人都要經過一段時間的思考，他們會就一個問題在腦海中思來想去，分析可能出現的利弊，才做出一個謹慎的判斷。這類人的比例高達八〇％以上，是大眾思考和大眾行為模式的體現。還有剩下的一小部分人，他們是「極端思考派」，不管問題是大或小，都會為此十分糾結，總會考慮到最後一秒鐘，逼不得已才選擇一個答案，但更多時候可能是放棄選擇，因為他們實在不能判定自己應該做何選擇；這類人便有嚴重的選擇困難症。

毫無疑問，事物的「多屬性」容易讓人猶豫不決，拿不定主意。人們推崇「三思而後行」的格言，也在現實生活中助長了這種過度思考的不良風氣。的確，我們做任何事情都需要多思考一下。但是，到底要思考多久？沒有人能給出明確答案，因為人們都不會為別人負責。

我曾經將「三思而行」這四個字貼在辦公室的牆上，但不到一星期我就撤掉了，因為它的效果並不好：當你在潛意識中告誡自己要「三思」時，你可能會在行動中將這個「謹慎選擇」的命令放大五倍甚至十倍。

對事物多屬性的思考和判斷，是人們在教育成長中養成的習慣。從小到大，我們都被教導要走一步看三步，要做計畫，要多考慮。這種思考模式已經滲入我們的血液，於是凡事都會謹言慎行，想得過多而做得太少。這就導致了一些特有的行為模式：

第一種模式：做任何事情之前，都喜歡分析利弊。

在做一件事情前，多數人都要經歷一次「思前想後」和分析利弊的自我折磨，把所有的好處與壞處列出來，在腦海中反覆思索，拿不定主意。對他們來說，分析問題很容易，但下決心很困難。有時候，他們明知道應該怎麼做，但仍然不敢自己做決定。他們希望能有權威人士來指引方向。

第二種模式：一旦未經過充分思考和選擇的過程，就會處於焦慮和不安的狀態。

長此以往，習慣性思考和行為記憶會控制我們的腦細胞、手指和腳步。對有這種行為模式的人來說，思考不再是一種工具，而是一個目的。所以我們會看到，書讀得越多且富有野心的人，就越容易陷入抑鬱狀態，因為他們渴望拿出強勢的行動實現目標，同時又不斷在思考過多的狀態中糾結。他們既要跟環境作戰，還要跟自己作戰。

邁阿密戴德郡一家遊戲設計公司的總監克莉芬妮說：「幸運的是，我走出這種痛苦的思考狀態。我現在越來越不喜歡將自己長時間放到一個計畫、焦慮、斟酌和搖擺不定的狀態中。我現在建立了一個新習慣，想到什麼，大致判斷一下就馬上開始行動，而不是胡思亂想。那些都是沒有意義的，我必須簡化這個流程。」

你能夠戰勝思考慣性嗎？

克莉芬妮認為，六年的創意審查長經歷，養成她強大的思考慣性。處在這個職位的她，要對公司的專案盈利負責任，必須慎重考察各部門提報上來的遊戲創意是否能為公司帶來收益，因此她的思考模式要盡可能顧及方方面面，想到細節中每個隱藏特點和市場上的每種可能性。

但是，儘管她已經相當謹慎，可是各專案的獲利並沒有太大提升，始終維持在三五％左右。也就是說，每年有六五％的遊戲創意是失敗的。而這些創意都經過她的首肯而進入實際開發階段，直到在市場預售和試營運時，才因某些不可預測的因素被淘汰。

她反思說：「思考過多並不能解決根本問題，只是一種自我安慰的假象。我們總以為多想一想就能讓結果更好，但事實並非如此。現在我知道，很多事情並不需要多麼縝密的思考和斟酌，我堅信要加快自己的判斷速度，提高思考的效率才是真正有幫助的事情。」

只要能夠最大限度的運用自己的知識和智商，無論你做決定的速度有多快，結果都不會太離譜。戰勝慣性，你才可以找到一個新角度來看待事物。屆時，你不僅贏得了決策速度，還為自己補充了不一樣的訊息，而且它們可能是最關鍵的訊息。

眾多選擇中，找到自己需要的「唯一」

不久前，有位想找天使投資人融資創業的年輕人來請教我。他手上有很多企畫案，而且每個創意都不錯，他正在考慮到底要做哪個好，「這些企畫案都可以賺錢，但我不清楚做什麼才最有利。」我告訴他：「在這個世界上，如果你一直站在原地，就永遠不會知道事情會怎樣，只有先走兩步才能清楚。你要做的就是馬上找到自己需要的那個方向，盯緊它，行動起來！」

當一件事或多件事同時擺在眼前時，有人會迷惑：「我需要什麼？我究竟該選擇什麼？」例如，有人同時收到多份面試邀請，他可能在家裡呆坐一整天，也無法決定應該先去哪家公司。這種情況就是不懂得簡化「多屬性元素」的表現，你要從多種選擇中，找到自己所需要的那一個，然後堅定的展開行動。雖然人們都知道這個道理，但執行起來卻容易犯錯。

首先，想一想，為了解決問題，我最需要做的事情是什麼？要第一時間回答這個問題，這能讓你立刻找到一個最貼近事實的答案，並避免嘗試其他選項。其次，不要為了「不確定的問題」陷入苦思。因為有些可能性直到最後仍然是「可能性」，很難變成現實。我們必須從一開始就思考那些確定的問題，並且選擇最重要的那個方向。

2.6 做「減法」的四個執行步驟

我們想要讓自己每一分一秒的思考重新變得更加高效，讓自己計畫清單中的重要工作可以真正執行，而不是被無用的思考拖累，就需要一個簡潔的步驟為思考做減法，縮短決策和計畫時間。

第一步：為自己準備思考筆記本

首先，建立一個「思考筆記本」，建議以「週」為單位進行統計，記錄每天二十四小時做了什麼計畫、如何思考和部署、如何完成，以及效果如何。我強烈建議，不要使用電子設備記錄的方式，而是使用原始的紙張記錄法，這有個好處：親筆寫在紙上反而會讓你留下深刻印象，並能提醒你這是件鄭重、嚴肅的事情。

這個筆記本的內容可以五花八門，任何事都可以記在上面。例如，幾點到幾點完成一件工作，經歷哪些思考的過程，遇到哪些問題？你如何理解和關注一則新聞，你為此瀏覽了哪些網站，參與多少討論？在這些繁瑣過程中，你學到了什麼？

我相信，不用多久時間，只要一個星期，就足以讓所有人驚訝於自己浪費時間的能力，發現自己在思考方面的複雜和無效程度。有學員就告訴我，他在這個筆記本上看到自己每週有三天以上的時間都在緊張的思考，想了許多事情，結果卻什麼都沒做成。他驚嘆：「我這才知道那些不知所蹤的時間，到底跑哪裡去了！」

第二步：找到最浪費時間的那些思考

完成筆記本後，一個核心問題就擺在我們面前：「哪些『思考』是浪費時間和不必要的？」從自己依賴性最小的那件事情下手，不要猶豫，先把它槓掉。例如，你在臨睡前習慣抽一支菸嗎？我知道大部分「癮君子」都有這個習慣，他們認為此舉能讓自己更有效的思考很多事，因為香菸的刺激性能幫助大腦產生靈感，並且降低焦慮。但實際上，這是沒有意義的。如果抽完一支菸再去睡覺，便能決策你的人生大事，為何每天都在重複這個動作？類似的壞習慣是在用一種徒勞的意義欺騙大腦，這些都在刪減之列。

你也可以在筆記本上看到自己這星期花了多少時間玩手機：起床後和臨睡前都有半小時，那麼這段時間你在想什麼？如果把這一個小時用來處理別的事情，會有更好的安排嗎？堅持一星期不玩手機，把這個時間放到我們的「備用時間」中。然後，接著做後面的減法。例如，減少每天瀏覽網頁的次數，強制性設定網路瀏覽資訊的時間，例如：只有晚餐後五分鐘或去廁所的時間。

做減法就是在清掃思考的路障，追究無效思考的根源。史密斯說：「我們就像動物園裡的貓熊，閒下來後找不到真心想做的事情，但又不知道該如何打發時間，這種隱藏的無聊導致我們做任何事情都漫無目的，可是當真正重要的工作臨頭時，我們仍然用這種低效能的手段應對，不是在做減法，而是無意識在做加法，為麻煩增加新麻煩。」

舉個例子，當「做加法」的人弄丟提款卡後，他們第一時間做的事情，並不是打電話向銀行掛失，而是急忙到朋友圈發布一條消息博取同情。這便是許多人為自己的思考和行動額外增加的無效環節，而他們卻對此缺乏清醒的認知。

「做減法」就是讓自己重新看待平時的思考和行為模式，意識到是什麼阻礙了自己夢想成真。當我們從做減法中找到那些迫切要去完成、卻從未開始的重要計畫後，才能反省過去渾渾噩噩的行為，才有動力來制定簡化思考的計畫。

第三步：把最重要的事情放到最前面

當我們逐漸減去無用的環節時，一些重要的東西就會浮出水面。例如，我們應該開始做要緊的工作，而不是一起床就去刷朋友圈；我們應該第一時間回覆客戶的郵件，就昨天的問題進行溝通，而不是帶著問題去公司；我們應該立即為自己準備熱騰騰的早飯，而不是起床後花半小時挑選要穿的衣服。

有些事沒那麼要緊，就可以省略或放在後面。難道不是這樣嗎？在這一步，你要堅持、強硬的對自己說：「如果不能集中精力思考重要的計畫，我就必須關掉手機、電腦以及音樂播放器，我不能考慮任何其他事，特別是吃喝玩樂！」這時不要理會潛意識的乞求、協商和威脅，不要向它妥協，堅持先完成有較高價值的思考環節。

把「思考筆記本」和做完減法後的「瘦身筆記本」對比，跟著念一遍，為了高效行動，促使內心釋放新的暗示——「我不要給自己藉口！我要抓緊時間做正事！」

第四步：重複優化的步驟並且獎勵自己

「重複」是養成習慣的好方法。意志力再頑強的人，也很難在一開始就建立新習慣，尤其是當他對抗的是「滲入骨髓的懶惰」與「無聊而愉悅的思考」時；這兩種習慣屬於人的本能，伴隨我們的一生，過程中必然會遇到挫折和反覆。這時，你要掌握強大的武器：不斷重複，直到形成新的本能。

當頑強的意志力占上風，打敗懶惰與無聊的潛意識，完成一次重要的思考時，你可以適當的獎勵自己一次。例如，聽十分鐘音樂，允許什麼都不做的冥想五分鐘等，以放鬆精神。學會獎勵，也要能夠適當原諒偶爾的失誤，拒絕完美主義。當做減法的計畫遭遇意外或被突然而來的事件打斷時，不要有罪惡感。原諒計畫中的不完美，寬恕這些小挫折，這樣潛意識對新習慣的接受會更輕鬆。

這四個執行步驟非常簡單，每個人都可以順利理解它的內涵並且容易做到。本質上，它就像冬天時候從沒有暖氣的被窩中起床那樣輕鬆，完全取決於你的一念之間，還有是否能夠每天堅持下去。

如果有什麼秘訣，那就是「堅持」！只需要你願意動手去做，養成習慣。不去進行煩心的思考，不要總嘮叨「是不是少做一步」「是不是有什麼事情沒想到」。事實上，這個時代已經夠複雜了，簡單思考對我們來說是件幸運的事，更何況它能帶來高效的行動。

運用這四個步驟，找到自己真正渴望實施的計畫，想清楚需要做什麼，在內心必須有一種強烈的呼聲告訴自己，它是重要的，然後制定一個時間表，對未來的每個環節做一次資源配置，刪減所有不必要的環節，只留下那些不可或缺的東西。做完減法，再盡力一項一項改善，讓自己成為一個高效工作者。

行動技巧❷

簡化思考：

相較於做「加法」，更難的是「減法」

- ☐ 1. 做一張屬於自己的神奇思想清單
- ☐ 2. 平時多收集「備案」，必要時可以應急
- ☐ 3. 在工作前要先定位自己的角色，該做什麼就想什麼
- ☐ 4. 更有自信，不要掉進無用思考的陷阱
- ☐ 5. 眾多選擇中，堅定找出你「需要的那一個」
- ☐ 6. 隨身的思考筆記本，讓你知道自己做了什麼、想到什麼

方法 3

正面態度

3.1 先想好處，別淨想「最壞的結果」

住在青島的高先生在夏天時寫了一封郵件給我，他說道：「我的想法向來很消極，總是把即將發生或未來要發生的事情朝最糟糕的方向去想。給您寫這封信時，我的心情比外面的天氣還要糟糕。我該怎麼辦？幫幫我好嗎？」

事實上，寫信後再過幾個月，高先生就要在十月結婚了，這是件值得高興的人生大事，但他卻悶悶不樂。因為擔心妻子將來會不愛他，進而懷疑「結婚」的意義。他的依據是：有次和未婚妻談話時，他提到婚姻是美好的，是愛情的保鮮櫃，但未婚妻卻說：「婚姻時間久了，也許兩個人的感情就淡了，像是七年之癢。」雖然這句話只是未婚妻隨口說出，但高先生卻記在心裡，並有了嚴重的心理陰影。他對即將結婚這件事感到擔憂，竟然已經開始想像未來離婚的情景。

高先生在信中還說，自己非常怕面試。他有過幾次跳槽失敗的經驗，從原單位離職後去了新公司面試，第一輪就沒過，之後他覺得只要參加面試，就一定會失敗。因此，即使現在的薪資很低，他也不敢換工作，因為他覺得不管這個機會有多好，自己都沒什麼希望。

由於腦海中有強大的消極思考在作怪，高先生乾脆都不行動。至於要做的事情，他想到的都是失敗後的場景或最壞結果：「結婚幾年後就可能離婚，那我還結什麼婚呢？換了工作未必會更好，那我不如在這裡一直待下去；我也想過做生意，但做生意肯定有賠錢的時候，而我擔心自己就是會賠錢的那類人。」這些消極的想法彌漫在高先生的腦海中，讓他成為一個畏首畏尾而不敢邁出腳步的人。

從小到大，人人都曾有過這種情況。那麼，你是如何應對呢？你會因為擔心出現可怕的結果，而不敢努力嘗試或挑戰那些高難度的目標嗎？你會對未來消極思考，所以用無所謂的態度看待生活中的一切事情，被人們視為「缺乏上進心的人」嗎？

寫下自己期望達到的目標

我在幾年前做化妝品銷售時，有次為了打進柏克萊附近的富人區，讓住在那裡的貴婦購買我們公司的產品，我們擬定一份詳細的攻堅計畫。我和同伴葛萊士先寫下這場戰役的目標：

- 我們目標不是只為了賣掉三五套化妝品，而是希望對這個群體持續供應產品；
- 我們要贏取她們的「歡心」，建立更深層的信賴關係；
- 我們必須有明智的策略，在這個地區塑造良好的品牌形象。

大多數業務員認為這裡的顧客不容易討好，所以都知難而退。眾所周知，富人區住戶的消費品味高，不喜歡上門推銷的產品，而是習慣去實體店購買知名品牌，享受奢侈購物的服務。基於此，公司的其他業務員對拿下這裡的訂單不抱希望，甚至一開始就認定會發生最壞的結果：「你們將被趕出來，這是百分之百會發生的事，等著吧！」

而說出這句話的，竟然是加州地區的業務副主管，他說：「我前兩年試著到當地開發市場（上門推銷），但都被無情拒絕，還差點被警察抓走，因為她們毫不猶豫的報警了！」

不過，我和葛萊士「一廂情願」的認為，最壞的結果也許不會發生。如果你做對了一些事情，就有機會得到不壞的結果。我們所期望的目標很偉大，並不只是為了賣掉幾套化妝品而已，我們希望可以在這個地區建立穩定的客戶群。

當你有了明確目標時，事情的難度就已經降低一半，至少我們的腦海中不會只想到那些「壞的可能性」。

列出實現目標後的「好處」

延續我們擬定的目標，「實現這些目標後，我們將得到什麼好處？」我和葛萊士又據此列了一張收益清單：

- 我們會攻克很多公司前輩沒有占領的市場；
- 我們能改變自己在公司的地位；
- 我們將增加一個消費力強大的市場族群。

其中，第二項收益是當時我和葛萊士最感興趣，也是最直接的動力。這樣看來，相較於這三項收益，我們要冒的風險和承擔可能出現的壞結果，根本不值得一提。一想到這對公司未來的發展極為有利，我已經兩眼發光，彷彿看到這個社區的貴婦們都用我所銷售的香水品牌和護膚產品。

正因為看到這些未來的好處，對我們的行動產生強大的激勵作用。我和葛萊士花不到一週時間，就成功拿下該地區的七個客戶。接下來的一個月，我們共簽下三十八張訂單，賣掉價值美金六萬元的化妝品。在公司看來，這稱得上是一次「史無前例的大豐收」。

這就是我多年來一直堅持做「收益清單」的原則：你必須列出所有可能的行動收益，才能激發自己去做的強大動力。

越是在景況最壞的時候，就越要從期望中找到希望。這是兩種思考的碰撞，一種是馬上想到最壞的結果，然後懦弱的止步；另一種是先想到可能實現的目標，積極去做。在正面思考和消極思考之間，你會選擇哪一種？

3.2 困難只是暫時，想想美好的未來

對人生而言，困難是一種常態，卻不是永恆。困難就像海面上的浪花，此起彼落，一波未平，一波又起。既然逃不過、避不了，那麼重點就在於你對待困難的態度：願意迎著浪花前行，還是害怕前面遇到巨浪而退卻？

華爾街專業證券操盤手維克多．斯波朗迪，被喻為「華爾街終結者」「投機大師」，他素來以賭博式的思維取勝，討厭人們提到「困難」二字，他認為這是弱者才關注的問題。他用橋牌舉例：「成功者不在於他握有多少好牌，而是如何把一手壞牌打得可圈可點。」

跟員工開會時，斯波朗迪總會提到一個理念：不要被可能出現的問題嚇倒，因為你無法決定問題何時發生，因此，要時時刻刻將自己的全部精力集中在如何實現目標上！

斯波朗迪說：「賭博也是一種手段，為了贏而努力，考慮怎樣才能達到目的。我喜歡這樣的人，我也熱愛這樣的世界。」

與斯波朗迪相比，不少人在失敗的時候不僅自怨自艾，悲嘆自己的能力低、命運差，而且他們在行動前就已經被困難嚇倒了。人們的眼睛總是看到困難和逆境，覺得自己很難邁過這道坎，心裡想著難度這麼高，我就算傾盡全力也不會成功吧？

當這種沮喪的心態生成後，他就會覺得自己處處不如人。如果長期處在害怕戰勝困難的逆境中，就會開始怨天尤人，或者認定自己一無是處。處在這種狀態中的人，他的思考方式是向下的，也是消極的，他無法認清自己，對目標也沒有聚集能力。

曾連任四屆美國總統的小羅斯福曾自述：「我沒有任何專長，每一方面都屬於中間水準。有的比平均水準稍高，有的比平均水準稍低。譬如體能方面，我跑得不快，游泳也是勉勉強強；我騎馬比較內行，但是離賽馬的技術還很遠；我的視力很差，射擊往往落空。因此在體能方面，我只是一個泛泛之輩。在文藝方面，亦是如此。我這一生雖然寫過不少東西，但是每一篇文章都得塗塗改改，這項工作讓我苦不堪言。」

從這段話中可以看出，小羅斯福很有自知之明，他在自己身上看到無數的問題。雖然他各方面的能力都不算出色，但最後卻成功了。他憑藉的是什麼？是他既看到了自身的不足，又能積極的迎難而上；他能制定目標，也會努力去實現目標。小羅斯福知道自己偏好公共事務，喜歡組織與領導，因此結合這一長處設定人生目標，訓練自己的領導能力，充分發揮優勢，戰勝那些困難，一步步登上美國總統寶座。

積極正面的思考，讓困難不難

正面思考給我們的啟示是：當你設定好目標後，就不要在原地對著鏡子自怨自艾。實現任何目標都會遇到大大小小不同的困難，但不管多難，都值得你去努力。努力的過程，就是證明自己的價值、實踐思考的過程。

美國女運動員蓓比．札哈里亞斯是一九三二年世界奧林匹克運動會上的英雄人物，當時她獨得八十公尺跨欄、標槍雙料冠軍和跳高亞軍。這是相當了不起的成就，夠她榮耀一生，但她沒有因此而滿足。奧運會結束後，札哈里亞斯又轉而練習高爾夫球，幾年後便奪得英美兩項業餘大賽的冠軍，一九五一年更名列世界高爾夫球名人堂。

人們稱讚說：「她是個天生的運動奇才，注定要得冠軍，無人能及！」不過，札哈里亞斯本人並不這麼認為。每次奪冠的背後，都是一場場與各種困難的搏鬥史。

從未學過高爾夫球的札哈里亞斯，一開始得從基礎重新學起，為了快速掌握技巧，她收集資料，請教老師，分析如何揮桿，研究球速及球運行曲線，直到認為自己完全了解為止。在訓練過程中，她每天堅持練習十二個小時，平均一天擊出一千多顆球，練到手都抬不起來。在高強度的苦練之後，她戰勝一連串的困難，才搖身一變成為高爾夫球高手。

這就是成功的代價。對未來沒有積極的野心，對目標沒有強大的專注，對方法沒有投入全身心的研究，怎麼可能成功？一個心態積極、行動堅定的人，上天都願意幫助他。透過努力，解決一個個問題；透過努力，目標就會從一個遠景變成伸手可觸的事實。

集中精力聚焦在目標上，找出解決方法

為了鍛鍊學員的意志力，我們曾在週末組團，三十個人浩浩蕩蕩去洛杉磯郊外的聖安東尼奧山（當地人稱「禿頭山」）進行訓練。在離山腳尚有五千公尺的公路上，我們全體下車，接著宣布這次訓練的計畫：每個人要背著重達五公斤的行李，沿著公路步行到山腳下，休息半小時後再爬到山頂。

我們的目標是什麼？爬到山頂。但在途中，不少人走到山腳下就拒絕再往上攻頂，最後只有六個人成功爬上「禿頭山」。

第二天我們進行訓練總結，這也是此行關鍵部分。我們讓失敗者先發言，有位先生失落的說：「我一路上都在想，趕緊到山腳吧！到了那裡我就能歇一歇。我不敢抬頭，因為害怕山頂的高遠帶來壓力。」這位先生在潛意識中，將步行五千公尺視為最大的目標，根本沒去想應該如何爬上山頂。

接著，我們讓成功者公開經驗。有個人說：「很顯然，這個計畫可以分兩階段。為了爬上山頂，首先是步行五千公尺，這是比較輕鬆的任務；第二階段要攻頂比較難。開始行動後，我利用步行的時間思考如何才能比較節省體力地爬上山頂，因此，我先盡可能保持呼吸平穩、步伐穩定，為後面爬山累積精力。不知不覺間我就到了山腳下，絲毫沒有覺得疲憊，而且我也想到爬上山頂的辦法。」

- 為了實現目標，要努力收集自身具備的一切資源；
- 為了逐步解決困難，要理性分析產生困難的原因；
- 為了集中釋放自己的能力，要排除所有的干擾因素。

不要一開始就想到困難，而是要調整心態，集中精神思考，這樣就能輕鬆戰勝困難，找到解決問題和實現目標的方法。這既是行動的技巧，也代表一種鍥而不捨的精神。

在發現鐳元素的科學研究中，居里夫婦曾經連續做了四十八項實驗，但一無所成。居里先生十分洩氣，但居里夫人卻說：「我只要活著一天，就絕不放棄，哪怕再過一百年才能找到鐳。」如果也能擁有這種鍥而不捨的精神，不管遇到再多困難，你都能積極而且主動看待目標，並向目標前進。

3.3 立刻去做，只要「開始」就好了

回到我和葛萊士的黃金二人組。我們曾在洛杉磯一起做過四個月的銷售搭檔，共同撐起公司銷售部門三分之一的業績。在近八十名的業務員中，我們兩個就拿下三〇%的銷售業績，這簡直就是奇蹟。因此，當我們要離職時，同事們一致認為，不管我們到哪兒做什麼都會成功。

在銷售過程中，葛萊士有個簡單的成功秘訣：就是只要想到一個點子，就馬上去做。他不會像許多同事研究琢磨許久，才小心翼翼的展開計畫。他認為人生苦短，沒有時間衡量風險，任何銷售理念能否成功，都不是在會議室討論出來，而是在實戰中驗證出來。

葛萊士說：「無論是行銷書中寫的道理，行銷大師告訴我們的方法，還是實踐中的探索，都面臨同一個問題：萬事起頭難！一開始最是考驗人，每拖延一秒，我們對開始的恐懼就增加一分。這種恐懼拖越久就越大，所造成的壓力也就越可怕。如果你原本有個計畫推遲了兩天才

開始，可能已經沒有任何行動的勇氣了。因為在這兩天內，你會想到許多不利的因素，而這些想像出來的因素會不斷加重你的恐懼。」

首先，正因為恐懼開始，所以才必須馬上去做。因為在做一件事前，誰都不知道結果會如何，不管你是害怕還是興奮，都不能對此做出決定。你是積極行動還是消極拖延，才真正決定了最終的結果。

其次，萬事起頭難，但成功跨出第一步後，一切都會變得簡單。所有事物都有一個困難的開始，尤其要做一件陌生事務，更是難上加難。但在實戰中你會發現，一旦做好第一個環節，成功走出第一步，後面就變得簡單起來。

人們為什麼會害怕「開始」？

第一、認為自己經驗不足。

「經驗不足」是最能拿上檯面的理由，因為不敢去做，就開始給自己找理由：「我沒嘗試過這方面的工作，不知道如何處理其中的細節。」沒有經驗，又怎麼開始？沒有經驗，恐怕也做不好。這聽起來很有說服力，不是嗎？在想像自己的經驗是多麼匱乏之時，一些人還會憑空捏造不存在的事實，比如編造一些「發生在自己身上」的故事，來博取大家的同情，逃避行動。

在「禿頭山」的訓練課程中，有位女士下車後便抬不起雙腿，她看到前路如此漫長，五千公尺的公路再加上一千多公尺高的山峰，讓她望而卻步。這位女士從背包中拿出水，喝了幾口，站在原地一動也不動。我從她的眼神中看到了恐懼。果然，她說：「聽著，我沒爬過山，我能在山下等你們嗎？」

「沒做過」是可以成立的理由嗎？我們大學畢業時，大多數沒有真正的職場經驗，是不是就可以不用去找工作？一位母親在生下第一個孩子前，也沒有生孩子經驗，是不是所有妻子就可以拒絕懷孕？顯然，「沒經驗」是一個蹩腳的理由，只會讓人們看到迎面而來的恐懼。

因此，我對這位女士說：「這裡有十幾個人都沒爬過山，但他們已經走出去一百公尺了，你要不要跟上？」她慚愧的笑了笑，馬上跟在我身後，邁出自己的步伐。

第二、根深柢固的懶惰心態。

懶惰是基因帶來的心態，不願做、不想動、再等會等拖延心態，讓工作還沒開始就注定一直推遲下去。這是種非常消極的情緒，這種情緒持續的時間越長，對開始的恐懼感就越大，最後除了無盡的恐懼之外，在內心找不到任何正面的情緒了。

所以，我對學員說：「不管事情有多難，你們在潛意識中的第一個念頭都不能是疑問句，而要是肯定句。」肯定行動的意義，特別是正面的意義：

・我確定這件事對我很重要！
・我確定自己可以做好！
・我確定自己有充足的經驗應對可能出現的困難！
・我確定這件事「不做就會死」！

諸如此類的肯定句，可以激發我們行動的勇氣。我們要在一開始就勤奮起來，將開頭的難度降到最低，不假思索的去做，壓制「再等一下」的消極情緒。

切記，雜念是殺死行動的毒藥

葛萊士的成功還源自於他是個很樂觀的人。他習慣在做計畫時就把行動後的成果一一評估出來，用這些好的可能性來激勵自己：只要採取必要的行動，事情就能完美解決，客戶便可以在訂單上簽上名字，公司就會發給我可觀的獎金……他預言每位客戶都能被自己說服，並為此準備對應的推銷方案。不得不說，他總是能成功。

事實上，葛萊士並非一開始就如此樂觀，他過去曾是個悲觀主義者，他說：「悲觀和謹慎的教訓讓我終生難忘。我第一次推銷時，早晨八點出門站在車水馬龍的大街上，直到十點都還沒開口說句話。無數的路人從我身邊經過，每個人都是絕佳的推銷對象，但我就是不敢開口。我心想，再等一等，遇到下一個人我肯定過去推銷。但這樣的拖延永無止境，內心的恐懼感也越來越強烈。」

害怕邁出第一步時，「第一步」本身就成為一個難似登天的目標，而拖延的時間越久難度就越大。

經過這些教訓後，葛萊士重新調整自己的心態。他明白，一切成功都起於一個勇敢的開始，是決定自己將邁向何處的第一步。打響第一炮，後面的環節都會變得輕鬆。他意識到，這是一個關鍵問題，決定自己一生的命運，於是他很快戰勝了內心的恐懼。

首先，要堅定的拋開一切雜念。

在一開始，腦海中生出的雜念是殺死行動的毒藥，它們用各式各樣的有毒資訊誘惑你停止腳步，產生恐懼。所以，你必須在行動之初就清空大腦，讓潛意識專一的對準目標。我向來都不認為「深思熟慮」是件好事，尤其是在擬定計畫準備採取行動時，這時的謹慎往往會演變成一場讓行動停止的災難。

其次，要用階段性的勝利激勵自己繼續行動。

只要開始行動，不斷到來的成功和階段性的成果，就能讓你慢慢看到遠方的樣子，距離成功越來越近，信心就越來越強。那就像是去一片荒野中旅行，如果你不走進去，不開拓出一條小路，就對走到盡頭沒有信心；站在路邊胡思亂想、瞻前顧後沒有意義，這種態度本身就是一種失敗。

3.4 用樂觀的想像克服沒必要的恐懼

二十世紀初，在世界鋼鐵大王安德魯．卡內基的鐵路公司裡，喬治是名工作相當認真、做事也很負責的列車調度員，他聽從指派，努力做好每一件事，受到讚賞。但喬治有個缺點，就是很容易悲觀，一個很小的失敗，他也會因此否定一切，為了幫他改正這個缺點，他的主管費盡心思。

有一天，喬治不小心把自己關在一輛冷凍櫃車裡。當時，冷凍技術剛剛問世，很多細節的設計還不成熟，像是內部沒有警報按鈕，也沒有緊急開鎖功能。喬治在冷凍櫃車裡拚命敲打著、叫喊著，可是整個車站的人早已下班回家，附近也沒有人值班。喬治不斷敲打，直到手掌紅腫，喉嚨沙啞，也沒人理睬，他絕望的坐下來喘息著。

這時喬治心想：冷凍櫃裡的溫度低於攝氏零下二十度，如果再不出去，一定會被凍死。他又想：同事都下班了，肯定要到第二天才會發現自己。這意味著自己死定了！想到這裡，喬治的心涼透了，他從口袋中掏出紙，用發抖的手寫下遺書。

隔天上午，車站的工作人員打開冷凍櫃車，發現已經凍死的喬治。人們急忙把他送去醫院，但心跳已經停止多時，沒有生還的可能。醫生很驚訝，因為當時冷凍櫃裡的冷凍開關並沒有啟動，車內的溫度還不到攝氏零度，也有足夠氧氣供人呼吸，可是喬治竟然死了！顯然，他根本不是凍死的，而是被嚇死的。喬治死於內心的恐懼。

恐懼既是一種消極到極點的情緒，也是我們最大的敵人。遇到困境時，如果你感到恐懼，就很容易將這件事定義為對自己「不可逆轉的傷害」，然後在此基礎上又會繼續想像，所有可能出現的壞消息和發生的惡劣後果，都會浮現在腦海中，使自己更加悲觀和恐慌。

二〇〇三年，美國有位心理學家針對人類的煩惱進行研究和分析。當時正值全球性的網路泡沫化階段，許多人因此失業，也有許多網路公司破產。這些真實世界存在的挫折和困境，在在困擾著人們。但心理學家研究結果顯示，在人們表現出來的煩惱和悲觀情緒中，有四〇％屬於杞人憂天；有三〇％是因為無論如何也解決不了問題的既定事實，與其說是悲觀，不如說是沒耐心；另外的一二％則是被事實上並不存在的幻想所困擾；還有一〇％是因日常生活中微不足道的小事引發悲觀。

這位心理學家總結說：「即便在經濟和就業形勢最糟糕的時候，人們的心中仍然有九二％的煩惱和悲觀都是自找的，也沒有必要。」

這表明人們喜歡放大困難來否定自己的努力，潛意識透過這種方式幫他們擺脫責任。例如被老闆責罵之後，可能會產生悲觀的想法：「老闆根本瞧不上我，我升職沒希望，而且在這家公司也待不久了，他一定會想辦法解雇我⋯⋯」

誇大困境，並定義為一種「不可逆轉的挫折」，你會從中隱隱獲得一絲「正義感」，認為這是必然發生的事件，不因自己努力與否而改變。這時，你可能心安理得而做不好工作，以此對抗公司的老闆。但這會讓你的處境越來越糟，最終你用悲觀的想法決定了最後失敗的結果——公司發現你的工作態度有問題，一定會想辦法解雇你。

想要解決這種狀況的辦法就是轉換對困難的定義，你要告訴自己一個尚未發生的事實：未來一定是好的。也就是說，你要使自己擁有積極的「阿Q精神」，而不是走向另一個極端——把所有挫折都視為是災難的開始。保持樂觀才能改善處境，這是有利於我們採取積極行動的基礎。你要這麼對自己說：「我的能力沒問題！這只是工作上的一次小失誤，主管說完就忘了。我不會給自己徒增恐懼，因為這對我簡直是件好事，它提醒我必須注意什麼，加速我能力的成長，讓我更優秀！」

你看，同一件事因為定義不同，未來的發展方向也有天壤之別。美國專欄作家富蘭克林・亞當斯說：「失眠者之所以睡不著，是因為他們擔心會失眠；而他們之所以擔心，是因為他們不睡覺！」他用對失眠的定義來形容那些消極的行動者，認為正是這種沒必要的擔心摧毀了這些人的自信，讓他們即便有一份偉大的計畫也很難成功。

正視自己恐懼的所在

每種恐懼的產生都有其根源，你要用一面放大鏡對準自己，找出恐懼的起因。在一次培訓中，擔任培訓主管的史密斯對學員說：「當我們的視野無限寬廣時，所有的恐懼都將消失。記住，我說的是『視野』，不是『知識』。知識可以讓我們掌握生存的技能，但不能消滅恐懼。相反的，有時候掌握的知識越多，內心的恐懼就越強。只有視野才能解決這個問題。」那麼，什麼是視野？

- 你要看到更遠的地方，看清楚別人沒發現的事物和規律。簡而言之，你的思考要對未來有穿透力；
- 你要能想到盡可能多的因素，綜合考慮一個問題，而不是習慣了「一根筋」；
- 你要知道哪些人值得學習，他們是正面的榜樣。對於他們的事蹟你早已了然於胸，隨時能用這些人的成功經驗來激勵自己。

具備以上這三點，你就可以正視自己恐懼的所在，並且第一時間找到解決問題的方法。在這個基礎上，你才有樂觀的本錢。這時，你就能化疑慮為了解，增強制勝的心理，用實際行動消除恐懼的根源。

理性樂觀讓你不再怕東怕西

你要轉換對事物的定義，迫使自己將注意力從恐懼的事情上轉移到其他地方：從危險中發掘機遇，從困境中放大希望，從枯燥的氛圍和消極的心態中，找出那些值得自己期待的因素，把不利變為有利。

史密斯說：「只要你下定決心克服對行動的恐懼，你就能毫不猶豫的去執行任何計畫，將來你就能克服任何困難，沒有什麼問題難得倒你。請記住，我們面對未來只有樂觀，因為除了樂觀，我們一無所有。」

決心也很重要。除了決心外，你還需要什麼？

第一、理性的「就事論事」。

困難本身並不可怕，可怕的是在遇到這個問題時，你的內心產生消極情緒，以及由此引發放大困難、逃避責任和畏首畏尾等行為。人們在情緒化的狀態中，很容易失去對事情客觀和理性的認識。在此時，理性才能解決問題。你要理性的看待眼下問題，一是一，二是二，把事情的來龍去脈分析清楚，這樣才能從問題中看到「為什麼」。

第二、從問題中發現那些真正的機會。

任何不幸之中都蘊藏著萬幸，任何危機中都有機遇等待你去發現。這不僅是一句格言，也是一個客觀事實。問題在於，你能否穩住自己的心，積極展開這項工作，在驅除內心不良情緒的同時，想想自己還能從中把握住什麼機會。

3.5 用階段性的成果取代負面記憶

我在主持面試時，曾遇到一位希望從事市場推廣工作的應試者魯澤雷奇。他之前在曼哈頓工作，兩年前搬來洛杉磯。魯澤雷奇在面試時提出一個奇怪的要求，他希望從事市場推廣方面的工作，但不想到外面去接觸客戶，他還熱切的希望公司提供一間獨立辦公室，可以與市場部的其他同事分隔開來。

「為什麼？」我想，所有老闆此時都有這個疑問。

我在他的簡歷上看到，魯澤雷奇的能力很好，曾在奧美廣告公司待了六年，具有豐富的市場拓展經驗，手裡也掌握著大筆客戶。但他現在卻突然希望把自己關在辦公室，不想出去，甚至連見客戶的工作也不想承擔。

他說：「我曾失去一位重要的客戶，那不是件容易忘記的事，因為工作失誤，我慢怠了對方，也忽視那次合作的重要性。對方因此十分不滿，不到一星期，我的名字就上了一些公司的黑名單。」

這件事對魯澤雷奇的打擊非常大，在他的記憶中揮之不去。因此，當他從奧美離職後，不管去哪工作，都會要求公司能提供一個獨立辦公室，他也只想負責資訊整理和決策工作，不想涉及與客戶交涉有關的任何工作；也不想聽見同事在背後的議論。從這個要求中不難看出，魯澤雷奇變成一個相當敏感的人。

好的壞的，都寫進自己的行動筆記

為什麼一些負面記憶能夠如此強烈的占據一個人的大腦，並影響他今後的行為？除了魯澤雷奇，我發現不少人都有這樣的特徵。就因為過去出現過一些離譜或不能原諒的失誤，害他們全盤否定自己的工作；對於未來，他們好像完全失去信心，但本身又非常有能力。這些人工作成績優異，行動力很強，性格也不錯，卻被一些再正常不過的失誤影響了心態。

產生這種心理的原因在於，他們不善於檢討自己的工作和成績。我認為，人的信心不僅僅是靠實作激發出來，也是不斷檢討和累積而來。昨天你的成績表現如何？上個月的行動計畫是否實現了？你有沒有為自己制定一個「成果清單」？這些能夠資料化的成績，不僅僅是對過去的總結，也是對未來的激勵。當工作出現失誤時，你可以用它來替代那些負面的記憶，告訴自己：「我已經做得很好了。有了這些經驗，未來我會做得更好！」

在公司的銷售會議中，我總會對部屬強調一個原則：「行動是產生業績的基礎，但只有行動還不夠，你必須懂得總結過去的工作。如果你不總結，就會使自己所有的工作成為一種沒有留下任何東西的過程；你沒有從過去中學到東西，體會到成就感，歸納出經驗，對未來也就不具備指導意義。」

一個人必須懂得實幹，同時也要做行動筆記。

首先，要有觀察、記錄和分析的習慣。

在平時的工作中，你要將所做的工作、思考和想法記下來，特別是獲得的成績；回顧自己為什麼能成功？自己的優點是什麼？你要適時歸納出來，形成一個屬於自己的工作體系。有了這些東西，不管將來遇到什麼挫折，你都會充滿自信。

其次，確立未來的行動綱領，建立應對困境的信心。

你要把過去的成績轉化為對未來的指導，並進行新的實踐。這就是把「想到」衍生為「做到」，將經驗應用於下一步行動，激發自己更加堅定決心。透過這個方法，你能夠更加全面的發現自己的成績和缺點，累積經驗，吸取教訓，同時提升自己的能力。做到這一點，在遇到問題時，你的潛意識就不會被負面因素影響。

讓跌倒的記憶轉化為積極的經驗

洛琳是D. R.霍頓房地產公司的投資經理，年薪高達美金上百萬元。在人們眼中，她是個成功人士。但是，洛琳從不相信傳統的成功之路：從哈佛等常春藤名校獲取文憑，畢業後謀求一個高薪的職業。由於她經常不遵循美國上流社會的傳統之道，而備受非議。但洛琳卻說：「我並非不贊同，而是認為還有別的管道。我支持那些依靠實幹經驗，慢慢從基層爬升上來的族群。」

洛琳在德克薩斯州立大學讀一年書就辦了退學。她認為四年的大學生涯是中學和進入現實社會生活之間的一段間歇。她不願意花這麼長的時間在學習上，她希望立刻做點什麼。

離開大學後，她到了一家服裝設計公司，但她的目標不是當經理或部門主管，而是去設計室學習那些真正的技能。每當有人離開一些工作量大、加班時間長、回報率低的職位時，洛琳便對老闆說：「我能去做那些工作嗎？」

她在服裝設計公司做了一年，但收穫不大。在親人和朋友眼中，這是一次失敗的經歷。洛琳當然也這麼認為，她發現自己沒有設計天賦，但也驚喜的發現：「我學到工作中最需要的東西，那就是勤奮和投入。」

她的第二份工作是銷售。依靠好學和拚命的精神全心投入，她在兩年內就獲得美金二十萬元的年薪。正當同事們覺得她是部門主管的接班人時，洛琳卻選擇離職。

親朋好友對她的決定十分訝異：「別傻了，你到別家公司根本賺不到這麼多錢。」洛琳不聽勸告，她對各個行業的銷售行情進行調查，最後加入一家房地產公司。她第一年的工作很不順利，手上幾筆買賣都失敗了，幾乎沒賺到什麼錢。但是，她白天東奔西跑，晚上還要學習房地產經營的課程，專業知識進步明顯。當她終於簽下一筆大單後，卻由於後期操作失誤，帶給公司極大的損失，她也因此被解雇了。

這次失敗無疑給洛琳的人生留下很大的陰影，但她沒有被擊垮，痛哭一場後，獨自在家思考了一週，她想清楚自己應該從中學習到哪些東西。後來，她加入目前的房地產公司。僅僅一個季度，她負責的部門成交額就增加四五%。洛琳獲得了大大的成功！

洛琳的成功充滿傳奇色彩。她如何讓自己立於不敗之地？我們從她的故事中不難發現，洛琳離開大學到登上事業之巔的幾年間，她對工作中所遇到的挑戰一直抱持正面態度：不計較工作的難易，也不怕加班，在每個階段的工作中都能有所收穫。即使失敗，她也能從中受到鼓舞，很快重新站起來。

可以說，我們走出的每一步，對於未來都有意義。

成功不分大小，都很適合激勵自己

即使是做了一件芝麻大的小事而獲得成功，我們也可以拿來激勵自己。我們要將每個階段性的計畫都視為一場小戰役，完成計畫便意味著攻占了一座城池，用局部的勝利激勵自己繼續向前，實現後面的目標。

有位剛考上哈佛大學的女孩說：「我從不去想自己和別人相差多遠這樣的問題。我知道這個世界有許多天才，他們比我更有天賦。我認為成長是與自我而非與別人的較量。所以，我每天都關注自己比昨天進步多少，多看幾本書，學了多少新知識。每次進步都是自己微小的成功，是對自己極大的激勵。」

總的來說，想要正面看待問題的關鍵就在於：如何對比今天和昨天。對生活持消極態度的人，像是那些表情麻木、憂傷、憤怒或不知所措的人，最大特點便是偏執的認定：今天一定比昨天更糟糕，即使獲得一些成功也無濟於事。他們把每天都視為世界末日，對未來沒有渴望，甚至深陷於這種狀態中。因為對計畫和行動沒興趣，也變得不再積極思考。所以，你必須盡全力避免那些使自己消極與厭世的心態：

- **獲得這點成功算什麼？目標還遠著呢！**

• 別人都跑出一萬公尺了，我卻走不到十公尺！
• 我資質這麼差，再努力也是徒勞，唉！

記住，請自動淘汰和抹掉這些自我傷害的念頭，轉而用「成就記錄」的方式思考：

• 雖然距離目標還很遠，但我已經獲得一些成功！
• 我走出了十公尺，這意味著距離目標又近了十公尺！
• 雖然我的資質差，但只要努力一定可以獲得成功！

你要不斷運用這種激勵，並且把激勵轉化為動力。記住：如何看待自己的昨天，決定了你對待目標的態度。史密斯常對人說這句話：「一個人能否獲得成就，不在於他的目標有多高遠，而是取決於能不能一步步實現階段性的目標。這些不起眼的微小成功是信心來源，並累積而成最後的大成功。」

3.6 積極暗示自己「我與眾不同」

我發現，真正成功的人並非一般想像中特別有自信的一群人，他們並非信心爆棚，而是使自己具有某些特質，他們對未來的美好前景深信不疑，而這是成功的必要條件之一。這些人在自己的事業才剛起步時就已經開始相信：「我一定能做到這件事！」他們從不自傲的認為自己特別棒，但他們知道自己在某方面與眾不同，一定能實現目標。

「我相信，我就能做到！」這是一種神奇的暗示。對於行動起來會遇到的問題，他們一點也不擔憂，因為他們相信自己可以將眼前的事情做好，當然包括解決一切困難。

華盛頓．格林沃茲投資公司的執行長阿比特說：「這是一種奇怪的現象，無法用科學解釋。我們在尋找合適的專案經理人時，總希望在他們身上看到這種特質。一個能獲得我們投資的人，也一定要表現出這種『我與眾不同』的自信。他可以有各種缺點，甚至專案本身有瑕疵也無所謂，但我們要求他一定要是個樂觀的人，對自己的某些特質堅信不疑，並且對成功有近乎偏執的自信。這種人就是我們的『菜』。」

阿比特尋找的這些專案經理人所具備的特質，其實來自於一個人對自己的積極暗示。你可以認為自己長得不好看，也可以覺得自己不是一個優秀的企業領導者，你也可以理性認定自己並非樣樣都行……但你必須堅定的相信，自己具有某方面的強大能力，就算有一萬件事做不成，但總有一件事絕對能夠做得到。如果沒有這樣基本的自信，怎麼將夢想變成現實呢？

「我相信成事不在天，而是我自己！」

在培訓中，我們借鑑了大量心理學研究的成果。哈佛大學文理學院的心理學家喜歡使用「自我靈驗」（self-efficacy，或稱自我效能）的概念來定義人們對自己的積極暗示。一個人如果用最積極的詞彙暗示自己可以實現某個目標，那麼它最終能實現目標的機率會提升三到五倍。但在我看來，除了「自我靈驗」外，我們最需要做的是激發自己體內對於某種成功的渴望，進而將它轉化為強大的行動力。

持之以恆的學習和嘗試，可以讓一個人掌握「如何成功做到」的秘訣，那就是在潛意識中無比自信的認為「成事不在天，而是我自己」。

不管過去經歷過多麼慘痛的失敗，跌到多深的谷底，重點不是摔倒了，而是你憑藉自身的意志力又站了起來。為何經歷了這麼多失敗你還沒有倒下？消極思考無法解釋，只能從積極的方面尋找根源。唯一的答案就是：你具有獲得成功的好運，也擁有成功的能力！成功和失敗，都是由你自身判斷所決定。

- 「的確，我不聰明，但我一定能做到，因為命運取決於我自己！」
- 「的確，我不漂亮，但我一定能做到，因為命運取決於我自己！」

•「的確，我不富有，但我一定能做到，因為命運取決於我自己！」

我並不排斥將這些暗示歸類為「自我洗腦」的宗教式激勵，但確實極為有效。你無法逃避的事實是，不論你是積極、還是消極的對待問題，但問題的存在是事實，所以，為何不索性把積極的力量釋放到無限大呢？你要相信自己對事態擁有全部的主導權，任何客觀因素能否起作用，都由你決定。

在這種情況下，挫折對人的傷害就變得無足輕重。雖然失敗讓你摔了一個大跟頭，甚至讓你四腳朝天、鼻青眼腫，但如果你若無其事的爬起來，繼續往前走，你最終就能把自己的思考建構成現實。有趣的是，越是在此時過於理智的人——他們或許太理性了，總是喜歡綜合的考慮問題，在不斷碰壁或摔倒後想到的不是繼續挑戰，而是立刻換一個角度思考：「哦，也許我應該去做別的事情，這件事不適合我！」於是他們半途而廢，停止努力。這時，他們成了相信「成事在天」的人。

「我具有天生的自我管理能力！」

對專案經理人（或創業成功者），阿比特提到一些成功的特質，其中最關鍵的一項就是「自我管理能力」。「如何管理自己非常重要，」他說：「這包括調整心態的技巧和豐富的知識，還有強大的自我控制能力，以及無所不在的信心。你必須相信自己做的事情，並相信自己可以情緒穩定的處理這些複雜事情。」

哈佛大學文理學院的心理學家艾力克斯．肯特教授與哈佛大學商學院共同進行一項實驗，測試商學院學生的「自我管理能力」。他們把商學院的學生分成兩組，讓他們開始用電腦模擬經營一家公司。

研究人員給了兩種不同的暗示：故意告訴A組學生，這個電腦模擬題主要是在測試「你目前天生的管理能力」；對B組學生則說，這個電腦模擬題主要是在測試「你在過程中學習並且完成最後目標的能力」。

測試結束後，肯特教授發現，原本兩組水平相當的學生，在實驗結果上出現了極大差異。A組學生在模擬過程中的表現差強人意，做出不少錯誤的決定；B組學生則表現出比較有效率的思考和實現計畫的能力。由於實驗一開始提供的暗示不同，兩組學生被激發出來的行為模式也出現差距。簡單說，A組的學生沒有表現出掌控力，B組的學生則展示出這種能力。

設計實驗的肯特教授對此下了結論，「你目前天生的管理能力」這個暗示給A組學生帶來了極大壓力，他們的自信反而受到打擊，在測試過程中對自己這方面的能力有所懷疑；相反的，由於B組學生只被暗示一項具體任務，他們的信心未受影響，反而完全釋放出內在對於「自我管理能力」的自信。

我們要在平時就相信自己可以做到，且能完全掌控身邊的生活和工作，當信心增強到一定程度時，就會實現「自我靈驗」。如果你無比確信自己的能力和成功的機率，那麼表現在具體的行動中，就是極高的「目標完成率」。

行動技巧 ❸

正面態度：克服凡事總往壞處想的思維

☐ 1. 清楚寫下目標，最重要是實現後有什麼好處

☐ 2. 調整心態，集中精神思考解決困難

☐ 3. 一切成功都始於一個勇敢的開始，Just do it！

☐ 4. 正視恐懼，化疑慮為了解，在問題中找到機會

☐ 5. 用行動筆記記錄成功與失敗，再小的成功也值得鼓勵

☐ 6.「我一定能做到，我一定能做到，我一定能做到」講三次

方法4

不完美主義

4.1 先實現目標的九五%就很好

在諮詢公司剛起步那幾年，我的合夥人史密斯和普利斯兩個人算是「掛名」，他們只負責籌錢，很少干涉管理，所以大部分工作都壓在我的肩上。我經常在週末假日感到陣陣焦慮，每週六都會去心理醫生那裡「聊天」，甚至為此自嘲起了一個「星期六病號」的綽號。

十幾年來，我對公司的各項工作要求比較高，總覺得有一大堆工作等著自己處理，而且必須「親自」處理。因為我認為每件事都是「大事」，關乎公司未來發展，一般員工的能力未必可以勝任，於是越是應該休息的時間，我的思考焦點就越是集中到那些大大小小的工作上。對我來說，工作就像一座座大山，並不容易爬上去，尤其是我對每一項工作都設下嚴格的條件，總希望能做得再完美一些。

這樣的結果是，我自己沒有好好休息，員工也跟著沒有假期可休。他們一邊咒罵我，一邊不情願的到公司加班。因為我的情緒一直緊繃，一下子對合約不滿，一下子又對另一張設計圖感到憤怒，於是不斷打電話給他們，要求他們立刻到公司。這麼折騰下來，事情沒做好幾件，大家都很累，也不開心。

還好，這種情況沒有持續太久。當時我開始反思，問了自己幾個問題：

• 「為什麼平時就該處理好的工作卻拖到月底呢？」——因為我在工作的準備階段浪費太多時間，總希望能想出更好的辦法。

• 「為什麼公司的工作累積了這麼多呢？」——因為我為公司制定的目標太高，導致公司擴張很快，人員卻跟不上。

• 「為什麼要給公司制定這麼高的目標呢？」——因為我希望公司可以快速成長，最好在一年內就成為洛杉磯最好的廣告公司和培訓機構。

這是一種非常糟糕的局面。我想，如果持續下去，不加以改善，公司一定會面臨很大的危機，這番事業會因為「目標太高」而停止發展，我自己也會因為想做到一〇〇％而變得只能做到一％。這是可怕的結局，也是堅持「完美主義」可能發生的結果。這時我才明白，一個人希望擁有的東西越多，最後行動效率可能會越差，得到的也越少。

接受「不完美」，不要追求一步到位

我曾在培訓課程中，多次以克莉絲汀娜的故事為例，分享給那些擁有完美主義情結的學員。來自紐澤西州的克莉絲汀娜總是野心勃勃，大學畢業後就為自己設定了一份「非常了不起的目標」：

「我要進入華爾街最好的證券公司，並且在一年內做到美金一百萬元的業績！」

對一個大學畢業生而言，敢勇於制定這樣的目標，很不容易！而克莉絲汀娜不僅是財經專科的優等生，擁有數年的實習經歷，上大學時就發表許多論文，還引起業界關注。她是金融機構非常賞識的人才，早在畢業前半年，就收到無數的高薪工作邀請。所以，她對自己的未來格外自信。

但是，當克莉絲汀娜告訴我這個夢想時，我卻立刻潑了她一盆冷水。我對她說：「聽著，你要做的第一件事並不是研究如何賺到美元一百萬，或者考慮賣出多少金融產品，而是要仔細思考一下這個計畫，看看怎麼走好第一步。坦白說，我認為你能在第一年內完成一〇％就很不錯了。當然，如果你能完成五〇％，已經是讓人羨慕的成績，就等於實現了目標的九五％。」

忠言總是逆耳。克莉絲汀娜聽了以後相當不悅，當場對我說了一句驚人之語：「高老師，您這是在鼓勵我在華爾街這種地方，當一名無欲無求的修女！」她說這句話時，臉上可見憤怒的表情。

的確，她無法理解我的勸戒。因為在我們一般人的常識中，大學畢業後當然要趕緊找一份收入高的好工作，然後立刻大幹一場。人生苦短，沒有多少時間能夠浪費，能快速且完美實現目標是多麼驕傲的事！

克莉絲汀娜不想降低標準，她跟我打賭：如果一年後，她實現了這個目標，我必須為她在《華爾街日報》寫一篇專訪；如果她輸了，就要為我當一年的免費助理，完全不支薪。

結果很快就出來了。不到一個月，她進入高盛公司工作，年薪美金三十萬元。但是四個月後，克莉絲汀娜便在工作中犯了致命的錯誤，由於她貪圖業績，經手簽訂的兩份商業信貸合約出了大問題，造成公司損失美金數百萬元。克莉絲汀娜年輕的夢想剛起飛，就一頭栽了下來。面對冷酷無情的股市，任何完美主義的幻想都沒有生存空間。

這意味著，克莉絲汀娜的目標至少需要往後推遲十年，甚至這輩子都不可能實現了。她非常後悔的說：「從小到大，我總是為自己制定很高的目標，因為我太自信，太追求完美。假如一個目標沒有挑戰性，我可能根本不會去做。但是我現在才知道，原來即便實現一個目標的一〇%，也很不容易。」

別設定太難的目標，並且要有「知足心態」

首先，任何目標都不是一蹴可幾。

我們每個人都會有遠大的目標，這當然是件好事，但很難一次到位。尤其是在實現目標的難度非常高時，更要學會克制內心的完美主義情結，謹慎而且保守的執行。重要的不是能不能完成目標的百分之百，而是能不能走好第一步。

其次，永遠不要對一個「完美結果」抱持熱情。

當一個人清楚自己的長遠目標，並且了解需要為此付出的努力後，就會開始反感那些「完美結果」的吸引力，因為他知道這不可能實現。

所以，在做任何事情前，我們都需要為自己確立一個基本原則：我只要一步步做下去，能把當下的任務做好就已經是一種勝利，至於最後能不能百分之百實現自己的預想，永遠不要抱有奢望。

畢竟，沒有完美的人，也沒有完美的目標。

曾經有學員問我：「高老師，這個世界上有沒有『百分之百目標達成系統』，只要我們運用這個系統或方法，就能實現任何夢想？」這是個既可笑又令人唏噓的問題。我的答案當然是：

「沒有！」過去沒有，今天沒有，未來也不可能有！這個世界上沒有任何人是完美的，當然也沒有任何一個目標可以百分之百完成，或者可以做到完美無缺。

另外，追求完美只會增加失敗的風險，降低要求才能順利做到。

我對那位學員說：「你只要看一看、讀一讀歷史上那些偉大成功者的故事，就會發現追求完美只會增加做事失敗的風險，只有降低要求最終才能實現目標。」我們要先接受一個不完美的自我，其次才能降低目標的難度。也就是說，我們必須要「知足」，讓自己感覺是「幸福」的。因為幸福，所以知足；因為知足，所以不會有太強烈的完美主義情結。

4.2 別把時間花在一百分的計畫

史密斯說：「計畫無法完成，是因為你在計畫上浪費太多時間。」發出這句感慨時，他剛放棄一個失敗的專案，原因是他花四十天進行專案的宏觀和微觀規畫，等他準備籌集資金成立團隊操作時，專案窗口已經結案了。

放在我面前的，是一份盡善盡美的商業投資計畫書，每個細節都做到堪稱完美的地步。但是，又有何用？史密斯遺憾的說：「我犯了很大的錯。」他內心仍然有隱藏的完美主義情結，無論做什麼都想追求最好。不過，這次失敗也有收穫，那就是為我們的培訓工作準備了一個很典型的案例。

史密斯後來不斷現身說法，用親身經驗告誡學員，不要把制定和完善計畫當作一天中最重要的事項。

我們每天只有二十四小時，扣除睡覺、吃飯、休閒娛樂等必要時間，剩下用來工作的時間不過八小時。即使你是天生的工作狂，也不可能讓自己每天不眠不休。只是在這八小時中，你有沒有統計一下，自己花了多少時間在做計畫？

三十多歲的巴魯克參加我們公司二〇一五年舉辦的夏季培訓，來自洛杉磯的他在好萊塢一家電影公司擔任過劇組的技術主管，負責電影拍攝的技術製作準備，包括道具和其他相關支援。他非常熱愛並全心投入這個工作。

但是，在二〇一四年底，劇組突然通知他：「你可以結清報酬回家了，明天有新人頂替你。」被解雇的那一刻，巴魯克的眼神中充滿迷惘。他的工作做得很好，每個人都稱讚他是細節大師，他更是以「技術聖徒」自稱。因為他對拍攝技術的細節要求高標準，他相信這樣做才能做出更加優質的電影作品。

問題就出在這裡。當天晚上，編劇打電話給他，一邊安慰一邊指出他的錯誤：「聽著，兄弟，不要抱怨。導演認為你太慢了，他不希望技術工作占比電影拍攝期的三分之一還要多，其他公司用三個月來做這些工作，而我們已經浪費了五個月。」

「可是，怎麼保證電影的品質？」巴魯克問。

「這當然很重要，但你的準備時間實在太長了。」編劇說。

巴魯克回頭想想，事實確實如此，他總是在修改計畫，設計組拿來的道具草圖，他總會要求重新修改，有的已經修改不下數十次，他仍然不滿意。難道設計組的同事都是白癡嗎？當然不是。巴魯克這時才驚覺自己的要求太高，他不能容忍哪怕百萬分之一的不協調。這使得他的技術準備工作一直無法完成，最終導演也失去了耐心。

設定「時間上限」，才不會瞎忙

這種情況，通常我的建議是準備一把「時間量尺」，每當要制定行動計畫時，就用這把量尺進行丈量並設定「最晚完成」時間：「本月十日前，不論計畫是否做好，我都要採取行動。」這是一個硬性的標準，既逼迫自己加快行動，也限定了一個最遲的啟動時間，防止把精力都放在對計畫無止境的追求完美上。

有些人經常覺得自己很忙、很累，幾個月操勞下來，沒休息幾天，但根本不知道自己做了些什麼，最後總會發現手上的計畫還沒完成，甚至有些重要的事情根本還沒開始做。這時候不免感到疑惑：

「我明明列出計畫清單，為何至今那些重要的目標一樣都沒實現？」

明明忙了半天，為什麼感覺一件事情都沒做成？有個原因會造成這種情況：當你認真做好計畫，然後又重複倒帶回去檢查時，大腦會進入一條奇怪的軌道，你會不斷思考那些計畫好的、尚不完美的部分，即便行動中亦是如此，行動的速度大大減緩，而你卻毫無察覺。

為了降低完美主義的傷害，你要為大腦的思考建立一道防火牆。例如告訴自己：「在我採取行動之後，就不要回頭思考計畫本身。」或者，你要在制定計畫的過程中，就讓自己明白拖延的嚴重後果。為此，你大可誇大拖延、失敗或行動緩慢的代價，並一一寫下來。透過持續的自我警告，可以減少你對思考計畫的投入，增加對行動的渴望。

4.3 把做得到的事當作短期目標

事實上，不論你是否意識到高效行動的重大意義，它總在事情的結局水落石出時，讓你領悟到自己在行動上的不足；為了最終的成功，你要先設定一個適當的目標，一旦設定，就可以採取行動了。然而目標是否合理，決定了你走向成功的難度。

要保持生活和工作的高效率，你在設定目標時就不應該追求「一次到位」。沒有人可以做到一次規畫好完整的目標，然後一口氣全都實現。這是不可能的，也是「完美主義」在任何時代都沒有市場的原因。

我們需要對設定的目標進行階段性的檢查、修正，以發展的眼光進行評估：

- 前一個階段完成得如何？
- 下一個階段應如何行動？
- 還有無需要補充的地方？
- 我的效率是否還要提升？

在行動的當下，我們的注意力應該時時放在「短期目標」，用輕鬆的心態處理那些較容易做到的工作。當觀點和形勢發生變化時，就要修改目標。但要記住，在實現目標的過程中，完美的結果並不存在，我們自身的提升比達到既定的目標更為重要。

先完成「起跑線目標」再談別的

如果你已經規畫好未來的人生和事業，那大概也已經看清楚自己的遠景目標和當下的起跑線，也就是為了達到目標需要做的準備，以及自己所擁有的資本。明白這點對你的成功極其重要，它是你邁出第一步的基礎，沒有起跑線，就無從開啟自己的航程。

所以，實現「起跑線目標」是個不可或缺的前提。不管你的理想多麼美好，規畫有多麼完善，都要先完成眼前的第一步。例如，對於做投資、專案或經營公司的人來說，為了建設這樣的平台，必須先考慮資金是否到位，團隊是否已籌組完成。如果沒有，那就先保證自己具備這些條件，再去制定下一階段的目標。

目標要從難度低、容易理解開始

在領導力的相關理論研究中，曾提到「領導者的重要作用之一，是讓機構的全體同仁全神貫注於既定的目標。」我們之中有九九％的人不是領導者，但同樣需要有某樣東西來給自己明確的指引，讓自身可以集中精力在目標上。

要做到這一點，你需要堅持三個原則：

- 原則一、當下的目標應該是中短期的，並具有較低的難度；
- 原則二、目標要容易表述和理解；
- 原則三、目標可以讓人集中精力，不易分神。

對表述目標這個概念，你不會陌生。一般高效能的人士，不論是個人、族群都應該懂得透過清楚表述目標來指引自己或成員的一切行動，也有利於我們集中精力。同時，目標難度較低也可以最大限度的增加信心，就像爬山一樣，如果目標是爬上兩千公尺高的山頂，你不一定能鼓起勇氣；但如果是先爬到眼前五十公尺高的台階，你會很有自信。至於整體的目標，就是透過一個接一個的短期目標達成，實現每個短期目標都是較為輕鬆且指向明確。

目標的「可表述性」能讓人把自己的想法、目的，有條理並無歧義的表達出來：

- 我想做什麼？
- 我應該怎麼做？
- 用多久時間做完？
- 做完有什麼收穫？

這些關鍵要素都應該在第一時間表述清楚。說到底，為了集中精力，並迫使自己放棄完美主義傾向，高效率的完成既定計畫，我們要不斷分割整體目標，讓每個中短期目標都簡單好記，利於執行。所以我們的目標必須具體可行。例如：

• 「一個月內，我要幫公司賣掉五十台手機。」
• 「在未來的一週內，我要跑步三次，每次三十分鐘。」

這兩個目標都有明確的數量和時間要求，表述清楚，行動的指向也很簡單。此時，完美主義就沒有立足的空間，但在長期和總體目標中，仍然會發現它的影子。例如，當你制定一份「兩年內拿到美金兩千萬元的業績」的銷售計畫、「一年內減掉二十公斤」的減重計畫時，實現的難度可能非常大。所以，盡可能分割目標，在「當下的每一段時間」裡，都讓自己去完成一件比較容易的任務。

制定的目標必須能幫你更進一步

假如你發現目標中有些與自己的人生理想或現實要求不符，做這件事不能產生正面的意義時，你有兩種選擇：

• 第一、刪除這個目標並忘掉它；

・第二、重新評估並同時進行修正。

在這兩者中，你必須擇一。我們要做的任何事情都應該能提升自己，更進一步朝著理想前進。如果你沒有制定與理想相匹配的目標，就不可能實現最終的理想。因此，你可以評估、分析一下自己所有的目標，從中挑出二至五個選項，分別看看它們對你的意義和回報。

這個方法能幫助你弄清楚目標是否符合自己的實際需求，當你從中看到積極的意義時，這個目標就是可取的；反之，則要果斷的推翻它，重新尋找能夠幫助自己走向成功的方式。簡單說，我們設定每個目標時都要具備以下特徵：不要求能取得多大的成績，但要有激勵意義。然後，你要盡可能使它明確具體，並規定完成的時間。

先力求完成，再逐步改善細節

費城的岸湧設計公司業務涵蓋公寓、公共空間、城市中心廣場設計等，成立至今一直以高端的風格聞名業內，獲獎無數，被業界無數的完美主義者奉為學習對象。但公司設計部的主管在接受專訪時卻說：「我們公司之所以成功，是因為內部奉行『反完美』主義。」認為，自己在公司工作的八年期間，正是他從一個「完美主義者」向「不完美主義者」過渡的歷程，他用極誇張的手勢表達了對完美的厭惡。

在剛拿下富蘭克林中心廣場綠帶的設計任務時，他們和大部分的同行一樣，希望組織一支菁英團隊，準備完成高品質的設計圖，以求打動客戶，拿到長期合作的合約。但是，設計部門發現，他們在費城根本找不到足夠的工程師和城市廣場規畫師。事實上還存在另一種可能：由於強大競爭對手的存在，他們短時間內雇用不到優秀人才。

這位主管並不願意倉卒的開始設計工作，當董事會要求他以最快速度做好初步的設計圖時，他一度選擇拒絕，「我至少需要四個月時間進行基礎的準備工作。」以他的性格，粗糙的作品絕對不能問世。但董事會不斷催促，費城市政部門的工作人員也為此很不開心。他最後只用一個月時間，帶領一組七人團隊做出一張他認為很「粗糙」的草圖。

雖然行動倉卒，但結果卻很好。這份草圖提案不到三天，客戶的回饋就來了：「我們很滿意，現在你們可以完成這份設計圖了。」

像這種無心插柳的「成功事件」在岸湧設計公司屢見不鮮，甚至比那些精心準備的設計作品更受客戶歡迎，市場回應也更好。這不由得讓這位主管深思，開始反省以前的想法：事事都追求完美，真的正確嗎？一個完美想法的市場轉化率有多高？

為此，他為公司的設計人員訂定兩項工作原則：

- 首先，先力求完成，再追求完美，因為完成比完美更重要。
- 其次，對計畫不要有偏執的功利心，因為成功總是出現在你意想不到的時刻。

毫無疑問，越接近完美的想法，它的市場轉化率就越低。因為人們喜歡把所有的情況都估算得很理想，但真正執行時，才發現大部分因素都發生變化。「變化」是這個世界的本質，我們今天看到的，明天未必仍然保持原樣；我們對未來的一切預估，都建立在今天的環境基礎上，但環境無時無刻不在發生變化。

這位主管說：「舉凡你在前期很刻意去迎合、創造的東西，大部分都不會成為真正的工作。」所以，當你大腦中有個初步想法時，不要急著完成它，而是先做再說，做完了再讓它變得更完美。對於多數人而言，這才是一條最實際的道路。

4.4 用行動改善缺點，平衡理想與現實

楊先生是個在北京生活和工作的上班族，不久前他寫了一封郵件給我，他的問題與理想有關：「為什麼我無法實現自己的理想？我努力工作，從不懈怠；我的人品端正，為人誠實守信，深受朋友和同事的尊重；我熱愛這座城市，守規矩，也有同情心，可是距離自己的目標卻越來

越遠。」

他給自己很大的心理壓力，因為以下目標都是他認為自己應該做到的：

買輛車：剛考完駕照，但離買車還有很遠，對月薪不足人民幣六千元的楊先生來說，這是一筆不小的開銷。

買房和定居北京：這是他在北京讀大學時就定下的目標，可惜現在看起來也是遙遙無期。

成立自己的公司：這是他的長期目標，但他悲觀的說：「對一個連車都買不起的人而言，夢想開公司可能嗎？」

還有更多更多，楊先生都寫在他的夢想清單上。但是，現實往往很無情。他大學畢業後沒能找到理想工作，便待在一家規模較小的民營企業，工作四年了仍是部門的普通職員，收入遠遠未達到當初的計畫。四年前，他剛進入公司時的想像是：

「第一年我要拿到人民幣八千元的月薪，第二年必須破萬，第三年我要成為公司的中階主管，第四年我就可以離職創業了。對我來說，這些都是理所當然，因為我從小到大成績都很優秀，留在北京也很自然，我是家人的希望。」

但是，現在這一切都成了「笑話」。巨大壓力讓楊先生罹患嚴重的焦慮症，理想的美好和現實的殘酷讓他很難接受現狀。在心理上，他進退兩難；但理想上，他仍不甘心。因此，楊先生希望我給他一些建議，幫助他選擇一條「正確的道路」。

放過自己，沒有什麼事情是「必須做到」

什麼才是「正確的道路」？我的回覆是：「沒有任何計畫可以幫你實現這些夢想，理由只有一個，這些計畫都不切實際。而且當你將自己的人生目標定義為『必須得到的獵物』並視為理所當然時，你已經把自己架到一座熊熊燃燒的火山上。」

十幾年前，我也和楊先生有過類似想法。我與合夥人史密斯、普利斯在洛杉磯成立公司後，在制定未來的營運計畫時，總在潛意識中把那些美好的計畫視為自己必須完成的神聖使命，並傾盡全力去完成。但在變幻莫測的市場中，公司遇到許多不同的困境，讓我無法接受。

給自己的壓力越大，失敗後的挫敗感就越強，這是完美主義者的通病。我總是在想：「經營不就是按照計畫來執行嗎？做完這個，就做下一個。如果這個計畫失敗了，執行下一個計畫又有何意義？」就這樣，由於不能面對自己的「不完美」，我的思考無法專注。有一段時間，我甚至不清楚自己還能做什麼，一度覺得自己無法勝任任何工作。

「憑什麼你必須做到？」後來，我這樣質問自己，「為什麼你一定要將自己和團隊逼到沒有退路？不要相信那些逼死人的勵志語錄！這個世界不是你想做什麼就做什麼，你必須立足自己的實際情況，制定符合現狀的目標，並且要靈活的執行。」

設下提醒機制，不要將目標設為「必須完成」

為了能在執行工作計畫時降低心理壓力，我做了一本小冊子，寫上所有目標，洋洋灑灑三十多頁。每一項都代表一個計畫，上面記錄了資源、團隊、市場等各種因素。然後，我評估這些目標的可行性和難易度，把執行的情況也隨時記錄在上面。

這個小冊子最重要的作用在於，每當遇到「無法跨越」的難關時，我就會在上面寫上兩句鼓勵自己繼續努力的話，為自己打氣，同時自我對話：

- 「你確信這是必須實現的目標？」
- 「是的，我確信！」或者：「不，我不確信！」
- 「你認為如果不能實現這個計畫，事業就將停滯不前？」
- 「是的，我確信！」或者：「不，它不是我必須做到的！」

我用這種方式為自己設立一個提醒機制，思考如何邁出下一步，並且在遇到無法解決的問題時，及時調整目標。

二〇〇四年至二〇一〇年期間，是我們公司的成長期，無論業務還是人員都快速擴張，但是內部決策並沒有像業績表現那樣一帆風順，我們的經營方向至少經歷了五次重大調整，每次都是放棄了原定目標，修改經營策略，也避開很多風險。而這個「提醒機制」，便發揮很大的作用。

不必內疚，「盡力而為」就是成功

在小冊子的激勵下，每當實現一個新目標時，我都會有很大的成就感。同時，當我打算放棄一個目標時，也不會為此感到愧疚或自責。因為上面記錄了目標之所以無法實現的原因，這是現實的選擇，是順應形勢需要而主動做出的決策。我不再對目標感到恐懼，也逐步克服了工作過程中的完美主義傾向。

這個方法發揮很大的正面作用，我也推薦給每位員工，並且說：「我相信每個人都是真誠、努力和勇於付諸行動，我相信你們都是『自信』的朋友。但請你們一定記住，面對目標，如果我們每個人都已經盡力而為，為了目標付出了自己的一切，那就是最大的成功。」

4.5 醒醒吧，這世界上沒有完人

這個世上有沒有完美的人？華為集團總裁任正非在一次演講中說：「金無足赤，人無完人。完人並非沒有，而是非常稀少。我不希望大家做一個完人，因為那肯定很痛苦。」

作為蓋洛普調查公司的名譽董事長，同時也是天賦心理學之父的唐諾．克里夫頓，非常重視一個人在行動中發揮天賦。他說：「一個人要成功，首要在於發揮自己的天賦。」亦即我們不能彌補好了缺點才行動，而應該在行動中發揮優點，逐步改正缺點。

每個人都是不同的個體，既有優點，又有缺點。科學家在長期研究中發現，相較於其他生物，人類有四到五百多種優勢，從生理到心理，從體型到機能，從性格到情緒，從智商到情商，涵蓋了各個方面。天賦的數量不重要，就個人而言，你當然不可能都有，更重要的是應該知道自己最擅長的是什麼，也就是找到特長（賴以生存的一技之長），接著便是把自己的思考和行動，建立在這些天賦的基礎上，這樣你就獲得了成功的最大機率。

別逼跑得快的小兔子學游泳

有隻小兔子被送進動物學校，牠最喜歡跑步課，總是得第一；牠最不喜歡游泳課，一上游泳課就非常痛苦。但是兔子的父母要求牠什麼都得學，不允許放棄任何一門功課。

這當然是個相當嚴格的要求。小兔子只好每天垂頭喪氣的到學校上課。老師問小兔子是不是在為游泳太差而煩惱，小兔子點了點頭。老師說，其實這個問題很容易解決，你的跑步是強項，但是游泳是弱項，這樣好了，你以後不用上游泳課，可以專心練跑步。

在老師的開導下，小兔子的父母也放棄了過去錯誤的作法。後來，這隻小兔子果然在跑步方面獲得非常好的成績。

這個寓言故事告訴我們一個簡單又現實的道理：不要妄想讓自己成為一個「無所不能」的人。你可以想到一切，或知道全部的知識，但不可能都做得到。對任何人而言，要獲得一定的成就，就得發揮自己的專長，多想想自己的優點是什麼，在這個基礎上建立自信。

我有位北京的年輕學員劉先生，他是長江商學院畢業的高材生，在北京一家貿易公司上班，相當受到老闆器重，前途一片光明。但他正陷入這種自我認知的苦惱中：「當我看到別人在做某件事時，自己也想去做。他們好像做什麼都很出色，我卻不是。所以，我隱隱約約總有個想法，希望自己能和那些我羨慕的人一樣。對我來說，這是種強烈的召喚感，我就是想去做。」

他希望在做好本業的同時，也能勝任其他事務。結果呢？別人擅長的工作，他並不能應付。時間久了，他對自己很不滿，因為連這些簡單的工作都做不了，遑論成功？

在我看來，劉先生的潛意識在執行一個「追求完美」的命令，就是別人能做的我也要做，強迫自己完成一些不可能完成的任務；同時也在「放棄自我」，忽視了自身優點，為了獲得認同感，試圖對自我重新塑造。顯然，這是一個不可能的任務。

與其改造缺點，不如發揮自己優點

一般來說，人們在工作中都會強調要彌補自己的缺點，很少人分析自身優點。就像有些誤人子弟的培訓專家，大費周章用各種課程教人把時間都用到「糾正不足」上，彷彿不這麼做就無法獲得人生的「進步」。可事實上，當一個人把主要精力和時間都用在彌補缺點時，就沒有工夫集中發揮自己的優勢了，很多計畫都會因此停頓，不能及時高效完成自己的目標。更何況，一個人身上大部分的缺點是與生俱來的，屬於性格因素，我們很難糾正。

所以，我希望每個人都為自己樹立這樣一個目標：

- 第一、我不要努力去做完人。做「完人」既不是實用的目標，也不是實惠的理想。我不能將自己一生的精力全用於改造缺點，等我改造完這些缺點，我可能已經人到中年了。
- 第二、我要把自己所有時間和精力都用在為人創造價值上。如果一個人的辛苦努力僅是讓自己更完美，而不是對這個社會產生價值，那麼這種完美毫無意義。

・第三、我要重視和運用自己的優點。這並非否定「改造缺點」的必要性，而是讓自己明白，不要制定太高的目標，不要對自己施加無謂的壓力。

在現實生活中，我們如何才能知道自己具備哪些方面的優點呢？

當你完成一件工作時，會產生強烈的滿足感；當你對做一些事情具有某種「無師自通」的天賦；當你在做某些領域的工作時總是能行雲流水、一氣呵成完成時，請注意這些信號，它在告訴你：「喂，這是你擅長的，請多運用這種能力！」開發並強化這些優點，你就能將相關的思考轉化為成果，並獲得優異的成就。

4.6 揚長避短，把自身優勢最大化

有些人總是糾結於自己的不完美，像是某些缺點讓他不能容忍，甚至影響了自信心。

亞利桑那州有個年輕人傑尼，從小就喜歡打籃球，立志要成為一名職業籃球運動員。州立大學的籃球部推薦他去鳳凰城太陽隊試訓。面對這個難得的機會，傑尼卻猶豫了，因為十八歲的他身高只有一七八公分。大學期間，雖然他是校籃球隊的最佳得分手，擁有出色的得分能力，但他始終對自己的身高耿耿於懷。

「NBA球員身高都有一八五以上，大部分球員都在一九〇，甚至兩百公分以上，我不夠高真的可以嗎？」傑尼每天都糾結於自己身高的缺陷，為之困擾。同時，他認為一個完美的籃球運動員必須擁有兩百公分以上的身高和出色的球技，而他似乎還差了一些。

後來，鳳凰城太陽隊選秀部門的經紀人來到州立大學，籃球部安排了一場比賽，傑尼就在場上。比賽還沒結束，這名經紀人就在筆記本上寫下傑尼的名字。經紀人說：「我要簽下他。」在評價傑尼時，他說道：「這個小夥子雖然個子不高，但彈跳力驚人，對抗能力強，速度也很快，他的三分球技術即便在整個聯盟中，也非常優秀。他有自己獨特的優勢，是太陽隊所需要的球員。」

別「想做什麼」，而是「能做什麼」

為什麼不追求完美的人反而有機會獲得更大的成功？因為他們能夠看到自己的長處，並且去開發自己的長處。相較於完美主義者，他們不會苦思自己的缺點並深陷其中，而是著力於將優勢發揮得淋漓盡致。把優勢最大化，就能獲得出色的成績。就像傑尼一樣，他沒必要在身高的問題上糾結，因為這是無法改變的；反之，只要他展現自己的優點，同樣能夠在籃球場上大獲成功。

這個世界上沒有完美的人，也沒有一無是處的人，每個人都有自己獨特的才能；區別在於，他有沒有發現自己的優勢，並發揮這些優勢。我們思考的重點應該集中到發揮優點，而不是想盡一切辦法彌補弱點。在同樣的條件下，什麼才是我們的優勢？它是一個人最熟悉和最擅長的某種技能，是區別於他人的不同的思考與做事的方法。

我們不可能事事都做好，而是應該做好最擅長的事。找到自身的優勢，方能發揮專長；去做自己擅長的事，方能成功。這是種務實的態度，也是我們提升思考和行動效能的最佳策略選擇。拋棄完美主義，立足於優點，放大優點，你就能用最快的速度實現自己的目標。

發揮優勢的前提，是認清自我，做好定位。

如何認清自我呢？核心原則就是一句話：在「想做什麼」和「能做什麼」之間找到平衡。你不僅要做自己想做的事，還必須努力去做自己能做的事，從中找出正確的定位。多數成功者都是先做好定位，認清自我，然後發揮優勢，釋放內在的潛能，在簡化思考的前提下不斷做減法，在發揮優勢的基礎上不斷做加法，最終才能成功。

看清自己的優缺點，及早選對方向

凱文是芝加哥一家職業諮詢公司的顧問，長年都會接觸到很多因工作不理想而前來諮詢的人士。

「人們總是一臉惆悵。」他說：「問題的癥結在於『現實總是不完美』，人們的要求又太高。我遇過一個年輕人，他畢業於普林斯頓大學，擁有高學歷，卻失業六個月。你會問為什麼？原因很簡單，他的選擇是錯的。」

「從普林斯頓大學走出來的人，就一定能到華爾街獲得一張舒適的椅子嗎？不，如果他不能認清自己，不能選擇對的方向，不能做擅長的事情，他也許一輩子都在跟獵人頭公司打交道，唯一能做的事就是請別人介紹一份不現實的工作。」凱文說。

工作本身沒有所謂好壞，更沒有「完美的工作」，而是看你能不能發揮優勢，並且揚長避短。就像前文所說，一個人不能只忙著修補弱點，要最大化的釋放優點。應用在工作上，就是選擇一個適合自己的職業，成為那個領域的專家，甚至大師級人物。只有這樣，你才能把「知道」的、「想到」的，變成「做到」的。

有一次我在上海遇到一個女孩小陳，她剛從大學畢業，就讀的大學很一般，沒能贏在起跑點。她自嘲說：「我是從一家全國排名五百名以外的學校畢業，我肯定不能靠學歷找份好工作。」小陳只能靠自己努力。所以，她先為自己做了一個簡單的分析，列出所有的缺點和優點：

「我的學校不好，在上海不容易找到特別好的工作，但我抗壓能力強，能吃苦，願意從簡單的工作做起。」

「我的外在形象一般，口才也差，但我的思考縝密，理性思考能力強，適合從事規畫類的文職工作。」

客觀分析過後，小陳找到自己的職業發展方向，心中有了想法，應該從事什麼行業才有利於自己的發展，施展自己的才能、規避自己的缺點？後來，她成功在上海一家廣告公司找到工作，還成為公司策畫部的主力。她說：「策畫工作有利於發揮我的優點，我不追求事事都能做好，畢竟這是不可能的，我只要發揮自己的優點就行了。」

行動技巧 ❹

不完美主義：別因為不切現實的完美主義卡關

- ☐ 1. 接受「不完美」的現實，「不完美」的世界，「不完美」的自己
- ☐ 2. 設好「時間量尺」，務必在「最晚完成」時間前喊停
- ☐ 3. 別想著一次到位，先力求完成，再求完美
- ☐ 4.「必須做到」「必須完成」都是自己給的壓力
- ☐ 5. 充分發揮自己的優點，不是盡力補足自己的缺點
- ☐ 6. 認清自己，別「想做什麼」，而是「能做什麼」

方法5

別等萬事俱備

5.1 認清現實，世上沒有完美這回事

每個人或許都是「心懷遠大夢想」的人，一個個夢想帶給我們生活的信心和創造未來的勇氣。但是環境並不完美，有各種不利因素在阻撓人們實現夢想。

這時，人們就會做出不同的選擇：有人會主動改變，適應環境的需要，修正自己的方向；有人則停下腳步，原地觀望，拒絕適應環境。他們安慰自己說：

「再等等，條件成熟了我就開始。」

「不是我不努力，是沒有適合我的舞台。」

「不要傷心，這不是我的責任，等將來看看再說吧！」

他們一廂情願的恪守著一套特立獨行的原則，淡定的坐在原地，唯一希望就是等環境發生改變，

給自己提供一條暢通無阻的道路。他們就像史密斯形容的，是「一隻懶惰的、高智商的蟲子」。結果等來等去，無論環境如何改變，夢想仍然只是夢想，目標還在遠方，因為不管環境如何演變，總會有些不利於行動的條件存在。

這個世上沒有一個讓人百分百滿意的舞台，我們必須正視現實：你要嘛一直等下去，什麼都不做；要嘛透過自己的進取，努力改善環境，在不完美的條件下實現夢想。除此之外，我們別無選擇。

先接受不完美的環境，再用行動去改善環境

像是這麼多年來，我和史密斯的「健身計畫」，就曾被無數「客觀因素」打斷過，使得我們很少能夠連續三天堅持跑步。

身體健康很重要，工作壓力大，平時就需要鍛鍊，這一點大家都知道。很多人也給自己定下許多健身計畫：跑步、打球、游泳、爬山……這些活動應有盡有，可是最終呢？很少有人能長期堅持下來。當你詢問原因時，他必然回覆一些「自己無法控制」的理由，例如時間急迫、天氣不好等客觀因素。總之，都不是自身原因所造成。

二〇一五年秋天，我帶著自己的「跑步計畫書」在北京住了兩個月。上飛機前，史密斯警

告我說：「聽說那裡空氣不好，和洛杉磯一樣糟糕。我建議你暫時放棄跑步，更何況你在美國也沒跑過。如果你實在想鍛鍊身體，就在室內走走吧！」他戲謔的說：「在室內走路是我最新發明的健身方式。」

確實洛杉磯被認為是美國空氣品質最差的城市，同時全美空氣品質最差的十座城市中有七座都在加州。但到了北京後，我發現空氣並沒有想像中差；甚至，史密斯的話終於讓我意識到，我們的健身計畫從制定到現在都沒執行過，而我們始終把責任推給外界各種因素。

於是，我決定藉機解決這個問題。我先寫下自己對健身的要求和目標：

- 第一、因為我的體質容易感冒，為了身體健康，持續跑步有好處；
- 第二、每天定時跑步對調節工作情緒也有好處，可以釋放壓力；
- 第三、早晨跑步，保證一整天都有好心情。

跑步有這麼多好處，為何過去幾年我和史密斯始終沒養成這個好習慣呢？我寫下了原因：

- 第一、我們對天氣、溫度的要求太高。我們兩個人都有一種情結，認為在天氣晴朗、涼爽且陽光明媚的時候跑步，才是一種享受；

・第二、我們工作繁忙，平均每幾分鐘就有一通電話打進來；晚上加班到深夜，早上累得半死，有時就不想起來跑步了。

總之，沒去跑步，我們認為不是自身原因，也不想花太多精力調整自己，所以就拖到今天。看到這些內容，我立刻覺得，自己是個對環境適應力很差的人，既想鍛鍊身體，又要求環境符合自己標準，這樣恐怕一年四季沒幾天能執行這個計畫。因此，我痛下決心：

「就是明天，不管天氣如何，我都要出去跑步十五分鐘。」

帶著這個決心，隔天一起床，我就穿上跑步鞋，戴上帽子，從酒店走出來。我發現天空是藍的，雲彩是白的，每個經過我身邊的路人臉上都充滿和善的表情……我心情愉悅的完成了跑步計畫。但事實上，當天天氣並不好，只是因為下了很大的決心，願意去適應任何環境，降低自己的標準，真正行動起來了，反而得到好的效果。

不管是在生活和工作中，不少人的行動力差，往往是被自己打敗的。他們明明很想做一件事，卻拿環境當藉口，不是條件不具足，就是客觀因素不利。提到要鍛鍊身體，就藉口春天有流感，不敢出門；夏天太熱，不敢出門；秋天太涼，不敢出門；冬天又太冷，同樣不敢出門。有的人準備投資做點生意，明明有很好的想法，準備行動時又開始擔心一堆事情：經濟形勢不好，萬一客戶少怎麼辦？員工不好找，萬一找不到人怎麼辦？總之，他們總是在等一個適合開始的完美環境。而這個願望永遠不可能實現。

所以，不要期待環境為你改變，不要等以後再做。你應該現在就去做，當真正做了，才能看到環境也跟著改善。因為沒有完美的環境，只有進取的作為。

5.2 不要總想著別的選擇會更好

一個人在生活或工作中失敗的原因有很多，像是不求進取、驕傲自大等，但我認為最大的原因是缺乏行動的意志力。在複雜的環境中，行動的意志力不足，不僅會染上時下流行的「拖延症」，還會引發其他問題，讓我們做任何事都可能虎頭蛇尾。

一個擁有優秀品格的人，他在決定一種選擇後，第一時間就會果斷採取行動，不會再左思右想，而是堅持到底。但失敗者想到的，卻是一個大大的疑問：「我這麼做真的可以嗎？」甚至會考慮有沒有更好的選項，然後將行動延後到明天、後天，甚至一個星期以後；他會尋找各種藉口來掩飾自己對於環境和行動的恐懼。

已與中國生活服務平台「58同城」合併的「趕集網」，其創辦人楊浩湧在大學時代就是一個骨子裡不安分的人，他喜歡挑戰環境，想讓自己的人生有些突破性的創舉。早在天津大學就讀時，他就和同學一起承包學校的電影院；上了中國科學技術大學碩士班，還做過銷售圖書代理工作，當時背景是二十世紀九〇年代，一般上班族月薪有人民幣一千元，就已經是高收入了，但楊浩湧的月收入早已超過人民幣上萬元。

隨後，楊浩湧赴美留學，到約翰霍普金斯大學攻讀機械學博士學位，他在那看到網際網路的光明未來。雖然不久後網路泡沫就破滅了，但他仍然堅信，網路代表著未來的主流經濟模型。他當下決定：轉學到耶魯大學就讀，取得電腦科學碩士學位。

從耶魯大學畢業後，楊浩湧先後在美國的一些高科技公司任職。二〇〇四年，他成為瞻博網路的核心開發組系統專家，這家公司是全球最大的網路安全設備公司，對他而言是個薪水待遇高又相對輕鬆的工作，在這樣的環境中待下去，舒適無憂。但是楊浩湧的腦海中，始終有一個網路創業夢想。於是，他決定參考美國的分類廣告網站 Craigslist 的經營方式，把它複製到中國，讓用戶可以在網站上買賣二手貨、交友、租房子和找工作等。

說做就做，他馬上借到美金十萬元，辭職回中國發展。儘管父母極力反對，但楊浩湧仍然堅持己見，一如以往，他只要打定主意，就馬上行動。雖然在之後的融資過程中不盡如人意，但他也不想因此延誤時間，因為在當時的網路創業大浪潮中，只要晚一天，別人可能也想到這個創意，就搶在你之前做成。於是楊浩湧馬上在清華科技園租了一間二十來坪的房子開始創業。

再壞也要堅持，因為是自己的選擇

提到過去的創業心得，楊浩湧說：「最重要的經驗就是一句話：再壞也要堅持，因為這是你自己的選擇。」趕集網上線後，當時全中國大大小小的分類廣告網站已經多達兩百多家，不到一年又飆升到近兩千家，競爭壓力非常大。剛開始，網站的瀏覽量成長緩慢，資源也有限。面對這種情況，楊浩湧做了最壞打算：他算好從美國帶回來的美金十萬元可以撐十六個月，如果到時候還吸引不到投資，就關掉公司。

這意味著他要為心中的理想放手一搏。隨後他開始仔細研究市場，大刀闊斧對公司進行改革。二〇〇八年，楊浩湧拿到一筆不小的投資，但遇上金融風暴，這筆資金撤了。面臨困境，楊浩湧決定不再支薪，還自掏腰包墊錢，倒貼了八個月，苦苦堅持，直到趕集網走出困境，開始獲利。

每個人成功的方法都不一樣，失敗的原因也不盡相同，但唯一不變的是，成功者所做的一定比他想的多。他不會想來想去、顧慮萬千而不敢做，而是先做起來再說。而且他也不會在做出決定後又後悔，這山望著那山高，而是勇往直前，堅定不移，具有強烈的意志力。

現實工作和生活中，總覺得「另一種選擇更好」的人非常多。作為創業者，成功的關鍵在於想好就要行動，因為行動和速度才是制勝關鍵。每位成功者都是做出決定後，隨即採取了有效和有力的行動。最重要的是，他們在行動中非常堅定，很少動搖。

別想著哪種選擇更好，先做再說

有位濟南的周小姐從公司離職後，不想再做一個為老闆打工的上班族，她打算創業自己當老闆。她手上有人民幣一百萬元積蓄，資金不是問題，問題是做什麼生意。她有兩個選項：

選擇一是開家網路商店。周小姐有低價批發新鮮水果的管道，如果能開一家網路店鋪，批發農民手中的新鮮蘋果，再用低價賣到全國各地，獲利的前景相對有保障。

選擇二是開發一款手機應用程式，為人們提供快速便利的生活服務，例如告訴人們附近最近的美容院在哪裡，還能在應用程式上直接預約。這類軟體的市場也很不錯，類似的應用程式雖然到處都是，定位也很精確，但有預約功能的卻少之又少。因此，周小姐也很喜歡這個選項。

只是開始認真分析後，她總覺得兩個選項都不夠好。開網路商店賣水果，聽起來很誘人，但水果保鮮是個大問題，如果運輸過程出了問題，勢必得由自己承擔損失；做應用程式雖然聽起來時尚，但前期投入非常大，自己準備的啟動資金遠遠不夠，勢必需要融資，那麼自己要承擔的風險就很大。

這麼一分析，周小姐頓時猶豫不決。兩個月的時間很快就過去了，她一直失業在家，守著自己的資金什麼事都沒做成。她希望能找到一個完美的方案，但這世上根本不會有能滿足她願望的選項。

我經常在想，每個人都有自己的目標，有人想投資發財，有人想投身政壇，有人想做好企業管理工作。無論目標是什麼，都必須依靠果斷而持久的行動才能實現，而不是躺在床上憑空想像，也不是淺嘗輒止，或猶豫不決，這只是做白日夢。只有真正專注採取行動，不要一心二用，不要好高騖遠，才是實現目標的正確途徑。

主動尋找機會，主動改變環境

我們不僅要行動，去實現心中的想法，更主要的是堅持正確的決定。在環境發生變化時，人們最難做到的就是不改初心。有時候我們做了一個決定，但要行動時卻發現環境已經改變了，這時你會怎麼做？不少人會趕緊另想出路，或聽從別人建議放棄原來的想法。但事實證明，他如果堅持下來，就一定能成功，放棄自己的想法反而是錯誤的。這就是問題的關鍵。如果你能戰勝內心的這種不堅定，就離成功不遠了。

所以，做任何事情都要有果斷的行動再加上持久的毅力，而坐著空談什麼都得不到。要知道，無論想法再好，都不如一次實際的行動重要，因為只有行動才是檢驗成功的唯一途徑，行動才是突破困境的最好工具。

不少人常講一句話自我安慰：「是金子總會發光。」他們用這句「至理名言」當藉口：畢竟「現在環境不好，條件不夠，達不到我的要求，那我就等待吧！我要有耐心，機會總會來的，我總會發光！」

在洛杉磯長灘地區經營過一家咖啡館的范弗里特就是這麼想的。咖啡館倒閉後，他認為現在不是做生意的時機，自己的許多想法無法實現，便躲在家裡不出門，成了「宅男」。他沒有研究其他地區的市場，也不想改變自己的經營計畫，而是將希望寄託在「未來」：「我再等半年看看，經濟形勢一定會好轉，我再重新開始。」

各位讀者，你們覺得這種自我安慰有效嗎？范弗里特關掉咖啡館的選擇當然不是錯的，但他不應該將希望放在不可預測的未來。正確作法是因時而變，尋找新出路。這個世上沒有免費的午餐，也沒有白送上門的財富。現實很殘酷，沒有想像中美好。弱者會等待機會，只有強者才會主動創造機會。

一個人的事業成就有多大，多半和態度有關。對於環境，我們要有強烈的主動性，去尋找機會、改變環境才是最快樂的事情。假如你把自己的工作當作一項投機來完成，你就會被環境所束縛，會輕易改變決定，魯莽的放棄行動。

首先，少說多做，行動起來才能獲得最好的結果。

關於說和做，沒有主次之分，都一樣重要，但更重要的是「做」。我常常對部屬說：「要少說話，多做事。」說得越少，做得越多，一個人的內心就越堅定，行動力也就越強。

其次，做了決定就別再顧慮，「猶豫不決」才是最大的問題。

在這個世界上，渴望成功的人太多了。阿里巴巴在美國那斯達克上市時，我對史密斯開玩笑說：「想成為下一個馬雲的人排成一隊，能從華爾街排到火星。」也許，很多人都不滿足於現狀，都想做出一番大事業，例如擁有自己的「阿里巴巴」，實現偉大的夢想。但是人們都有自己的顧慮，既有強烈奮鬥的衝動，又同時帶著濃濃的不安，以至於讓他們做出決定後又猶豫踟躕，瞻前顧後，讓很多好想法胎死腹中，第一步都沒邁出便以失敗告終。所以，「思考要深入，行動要果斷」，這是我送給大家的十個字。

5.3 基本條件夠就好，別管旁枝末節

根據哈佛大學心理學系長達七年研究得出的資料顯示，一個人每天為自己找藉口的次數平均不低於六十次。很多人都在為自己的拖延或「行動緩慢」找了無數藉口，把自己無能的一面用這些藉口合理化。大部分的藉口都指向一個模式：即使有了好條件，人們也會找出其他問題阻止自己行動。於是，就在這種看似合理的「自我否定」中，失去了機會和時間。

完美的思考家都喜歡自我否定。他們不是否定自己，而是否定自己所處的環境和已經擁有的條件，他們總是強硬的說：「這離我的要求還很遠！」在生活和工作中，有些事情確實急不得，需要等一等，但是有些事情卻容不得我們思考太長的時間。

有一次我對一名學員說：「在這個充滿競爭的社會，我們無法為自己的能力或優勢保值。今天你能勝任的工作，明天未必可以。所以，現在想做什麼就趕緊去做，不要猶豫，只要你有這個能力，條件夠了就馬上去做，因為在這個世上，每一秒鐘都不會為你停留。如果所有事情都要慢慢來，你覺得還來得及嗎？你有幾個五年可以等待呢？」

這名學員在西雅圖的一家市場調查公司上班，他很不喜歡這份工作，認為待在那裡的每一分鐘都像「送給棺材的祭禮」，他希望出去做點什麼，也有本錢，「我父親去世時留下美金一百五十萬元給我，足夠開一家公司了。我有些想法，也寫了一份營運計畫書，想開一家網路服務公司，提供消費訊息的定位和諮詢。」他說：「我知道這樣的公司在中國遍地都是，但美國卻很少，有一定的市場。」那麼，他還在等什麼？他竟然打算五年後再開始，原因是擔心市場風險，總覺得有些條件還不夠成熟。

於是，我告訴他：「等到五年後，別人已經占有市場，那時候你的想法就不值錢了。」

其實這就是「拖延症」在作怪。拖延症與完美主義是孿生兄弟，它們並肩作戰，一起攻占我們的大腦。條件不足是拖延的藉口，完美主義又用拖延的行為提供自己繼續完美下去的理由。

具體的表現為人們會設計出一系列「旁枝末節的問題」，諸如「有些條件還不具足，有些問題還沒解決，我再等等！」於是許多機遇就在等待中流失了。

工作一堆亂糟糟，一定要先進行分類

為了確定無疑的說服自己，粗暴的不加以區分就命令自己立刻行動，這並非明智之舉，只能收到一時之效。最好的辦法是，在面對一堆任務或一個整體目標時，先對這些事情進行分類：

- 現在可以開始的；
- 現在可以不做的；
- 現在必須做的。

不同的清單中都列出這三大分類，再將「現在必須做的」劃分為省事與費事。在條件具備的情況下，先做完省事的工作，再處理那些費事但必須處理的工作。此時不要停留，不要思考——思考的環節已經過去了，你需要集中精神完成這些重要的部分。否則，即使條件百分百完備，你也會痛苦的站在原地，悶悶不樂的告訴自己等等再開始。

有八十分的條件，就快行動不要再等了

有些人總是對自己太嚴格：「等條件成熟再開始，否則我寧可什麼都不做。」這種想法雖然加強你追求一個優質結果的自尊心，但時間不等人，這是不可改變的現實。時間喜歡懲罰那些瞧不起它的人，尤其是完美主義者。等所有條件都完備時，你會發現自己早已錯過了所有的機會。

我在賣化妝品時，老闆曾問我：「高，你喜歡思考嗎？」我不知道他問這個問題的動機。於是回答：「我當然喜歡思考，我希望學習更多知識。」老闆搖搖頭說：「那麼你將來就有一個嚴重的問題——行動力差。記住，關鍵是要有效率，尤其是牽涉具體執行時，不要有任何等待的想法，你要用效率和結果告訴我已經實現目標，而不是用思考告訴我準備用什麼方法實現目標。」

這段話對我的影響非常大，在日後的工作和生活中，我時常想到老闆講這段話時的表情。他非常嚴肅，眼睛直瞪著我，說明他對此有極為深刻的體悟。此後，我在工作中很少追求一百分的滿意度，而是以八十分為標準。

當條件達到八十分時，我就會展開強而有力的行動，用行動補足其他的二十分。

許多人對條件的要求特別高，我們都見識過這種人，他們努力把九十分的條件提高到一百

分，並且因為這個目標無法實現而痛苦。以至於抱怨說：「為何不如我意？」同事的配合不如他的意，上司的支持不如他的意，公司給的薪水不如他的意，客戶的條件不如他的意，市場的情況也不如他的意……但他從未想要透過自己的努力，讓這些「不如意」變成「如意」。

那麼，該怎麼努力呢？就是真誠的投入和採取百分之百的行動，最起碼要把抱怨的時間，拿來用在改善環境、提高效率等有意義的事情。

5.4 讓事情在做的過程中完美就好

有一則印度的故事：

一位富有才華的哲學家，長相帥氣，是很多女人的偶像。有位才貌雙全的年輕女子對他十分仰慕，特地前來拜訪，表達愛慕之情，她說：「您不會找到比我更愛您的女人。」哲學家對她的第一印象很好，覺得對方適合做自己妻子，但他習慣性的回答：「你很好，但讓我再考慮一下。」

年輕女子離開後，哲學家開始了漫長的思考。他拿出自己一貫研究學問的精神，對「婚姻」進行評估，列出結婚和不結婚的好處、壞處。只是不管怎麼選擇，他未來的生活好像都不完美。他認為，結了婚就像走進墳墓，從此都要被女人管；如果不結婚，自己會孤身一人，內心寂寞無法排解。到底該如何抉擇呢？他為此相當苦惱。

等到哲學家下定決心答應那位年輕女子的請求時，已經過了很長一段時間。哲學家來到這位年輕女子家中，開門的是她父親。哲學家問：「請告訴您女兒，我考慮清楚了，決心娶她為妻。」

老人「哦」了一聲，回答：「對不起，你晚來了十年，我女兒已經是三個孩子的媽媽了。」

雖然這個故事有點誇張，但這位哲學家正體現了我們所要批判的，因為對完美的過度追求而遲遲沒有行動的現象。不能及時行動，你就抓不住機會。所以，雖然有些事看起來並不完美，不符合預期，但也要先做起來再說，用行動改造它，讓它逐漸趨近於完美。

克難的條件和環境，一樣有成功創業家

鄭小姐是我在舊金山遇到的一位學員，她在一家大型民營企業工作，趁著赴美休假期間，參加我主持的短期培訓，希望提升自己的行動力。

提起自己的工作，鄭小姐愁眉苦臉，「我不是沒能力，主管總是誇我點子多，我在會議中也總是最活躍的那個，可是我對公司的實際貢獻不高，每月和每季度的業績都拿不出來，業績冠軍就更別想了。我的問題就出在具體的執行力上。我經常會想出完美的計畫，但又缺乏行動，

把計畫放好幾個星期。主管催我十幾次也都沒用，因為我的潛意識中總覺得時候未到，也有各種擔心，對同事的配合要求也較高……」

由於鄭小姐對工作的標準要求嚴格，同事對她頗有微詞。有人便在背地說：「她每天只會說大話，就是不做正事，聽起來要求很高，實則故弄玄虛。」聽到這些耳語，讓她的心理壓力更大。

非要等一切條件都具備了才去做事嗎？如果這樣，這個世界上就不會有馬克．祖克柏、馬雲等跨國大企業家，因為他們在事業剛起步時，所處的環境和條件都十分惡劣。他們用自己的努力改造了環境，用更強而有力的行動帶來美好的結果。

因此，我只對鄭小姐提出一項建議：「回國後馬上到你的辦公室，拿起被擱置已久的計畫，什麼都別想，告訴主管，你將馬上開始行動。」如果她真的這樣去做，我相信會對她的未來產生極大的示範效果。當她體會到解決問題的樂趣時，就會愛上行動，並且拋棄內心的完美主義傾向。

沒有開始行動，怎麼知道做不好？

首先，要接納世界的不完美。

覺得環境不好、自己準備不足的人有個壞習慣，就是常跟自己與周圍的一切人事物過不去，走到哪都會產生負能量。即便他認為這是高標準、嚴格要求，別人也覺得是雞蛋裡挑骨頭。這樣會導致雙方無法合作，他也無法融入團體中。所以，要先改變這個心態，要跟自己和解，跟整個世界和解，接納自己與世界的不完美。

你要對自己說：「今天的現實不會改變，無論我提出什麼要求，世界不會圍繞我運行，我必須先接受這一點，才能有所作為。」

其次，要有輸得起的心態。

對一切都要求完美的人，對失敗充滿恐懼，時時刻刻都在擔心：「萬一做不好怎麼辦？」於是，他們用不作為的形式避免失敗，並且長時間陷入焦慮。由於遲遲不肯採取行動，他們的未來也比較糟糕。這是一個惡性循環，到最後做什麼都沒自信，生活和事業一塌糊塗。因此，要先讓自己「輸得起」，就像華為創辦人任正非所說的，要有「過冬」的準備。有了進入冬天的心理準備，我們在行動上才能放得開。大膽去做，效果反而更好。

把事情帶向完美的，永遠都是行動。在今天的世界上，「居家思考派」注定被淘汰，只有充滿活力的「行動家」才能活下來。現在，你還在抱怨環境不完美嗎？

5.5 用「逼宮法」克服不行動的習慣

做很多事情的時候，只要我們對自己稍有鬆懈，就可能永遠不會有實際行動。但只要把握住時機，對自己適當的激勵，就能戰勝種種不利的因素，迅速行動起來，效果自然好。

在我們的生活和工作中，一定要先確認自己的目標是什麼，對環境有沒有特殊要求。如果沒有，就以不同階段和步驟細分目標，然後傾盡全力，以最積極的姿態投入，克服內心對於行動的抗拒。

幾年前，我們準備啟動一項大型計畫：在全球五十座城市同步展開一堂視頻的「行動拓展」課程。為了完成這個計畫，我們投入一千多人，邀請數十位專家學者，由七十多所大學共同參與，分別到這些城市展開前期作業。

但是，當計畫擺在面前時，我頓時覺得壓力如山，也沒有任何頭緒，甚至手足無措。到底該從哪裡下手呢？我們在四月就訂下目標，結果到了五月底還沒有實際行動。厚厚的計畫書放在桌上，幾乎動也沒動。我想，這樣下去可不行，必須想個辦法快點啟動這個專案。而我們想到的辦法，就是分割工作：

第一、同時在五十座城市做好準備工作非常困難，但我們可以先做好二至三座城市的準備工作，例如找好開會的地點；

第二、把大目標分割成二十到三十個小目標，第一個小目標就是逐步在每座城市找好開會的地點，並且確定負責人；

第三、先在每所大學尋找活動的合作對象，最好是當地社團，由他們進行下一步的工作。

把工作分割成小單元後，這份計畫就變成像是一張清晰可見的路線圖。我從上面看到一個又一個步驟，這樣做起來就容易多了。因此，到了七月底時，我們已經在所有城市做好開會的準備。

把工作分割成小單元，用小目標激勵自己

一個偉大的目標可以激勵我們堅定的行動，強大的壓力能產生無堅不摧的動力，讓我們面對目標奮勇前行。用世界首位億萬富翁、美國企業家約翰．洛克菲勒的話來說：「直到化為灰塵，我也要完成自己的誓願。」有了這樣的決心，我們就能逼自己拿出確實有效的行動。

為了加強「目標激勵」的效用，在制定目標時必須考慮到現實環境的特點，既有強大的激勵能力，又不能超出我們能力的上限。

設定整體的目標後，我們就有了明確的方向，能夠激發自己工作的動機：「我要做什麼，我為什麼而做！」有了這種強烈的動機，就能激起我們的積極性，發揮自己的優勢，增強行動

的動力。但在設定目標時，一定要具體、詳細，不能只是籠統的指明一個方向。因為只有一個夠清晰的目標，才能產生足夠有效的激勵。

評估自己能力，制定可以完成的目標

在設定一個目標前，你要充分考慮自己的能力，這包括能力的下限與上限，就像是這個目標我們能不能達到，是不是超出自己能力範圍？我們當然要設定具有挑戰性的目標，但一定要透過努力可以實現的。若是設定的目標過低，很輕易完成，會使我們養成不思進取的習慣；設定的目標過高，可能會因難度太高而打擊士氣，最後乾脆停止努力，早早放棄。

設定一個合理的目標，使其產生「目標激勵」的作用，可以讓我們的工作有方向感，讓行動有足夠的推動力。但開始執行後，你會發現實現目標的過程很複雜，做成一件事不是說說而已，就算蓋一棟簡單的房子，也要有一張最基本的設計圖。

也就是說，我們要把整個目標分成若干個小步驟來執行，第一步該做什麼，第二步該做什麼，不同階段有不同任務，對這些階段性的任務要有所規畫，就像一個個小單元一樣。

把大目標分成小目標並劃分「單元目標」的原因很簡單，這可以讓我們感覺到工作的本質，要有階段性與合理性，這是兩大核心。每實現一個小目標，就會有成就感；每完成一項階段性任務，就會增強繼續工作的積極性。就算是很難完成的目標，當有了成熟的步驟計畫時，也會令人信心倍增。這麼做，就是為了減少實現整體目標的難度，對行動產生有效的激勵。

就像爬山一樣，如果你總是盯著遙遠的山頂，那麼爬起來就會非常累，但如果有不同的階段性任務，比如第一階段先爬兩百公尺，第二階段再爬三百公尺，每完成一個階段性目標就休息十分鐘，執行起來就會感到很輕鬆。

在工作或生活中，我們先為自己制定一個整體目標，再根據客觀條件或自身情況，訂出階段性任務，這就是「箍桶理論」。過程中，你要將非常困難的事情，分為幾個部分來做，這麼分攤以後，難度就會明顯下降或完全沒有困難。用這個方法，便降低了行動的阻礙。

階段性的目標和計畫，更有助於達標

日本馬拉松賽選手山田本一的故事，常被全球各地的人們所傳誦。剛開始他並不被看好，但在一九八四年的東京馬拉松賽中，卻意外獲得冠軍，不僅讓全世界的馬拉松愛好者感到驚訝，連日本人也覺得納悶。媒體採訪他：「您是如何奪得冠軍的？」山田本一只說了一句話：「我贏，是因為我有智慧，是我的智慧贏得了比賽。」

山田本一的回答被很多人認為是作秀，覺得他故弄玄虛，並大膽預言他將只是曇花一現。

到了一九八七年的義大利馬拉松邀請賽上，山田本一再次奪得冠軍獎盃。媒體又問起原因，他還是那句老話：「我用智慧戰勝了對手。」

人們仍然十分困惑，直到他在自傳中揭曉了答案。他坦承，每次比賽前都會先重複走上好幾遍比賽的路線，並熟記於心。之後便把比賽路段分成若干個不同的段落，每個段落就是一個小目標。在正式比賽的時候，每完成一個小目標，他就會獲得一點成就感，增強了挑戰下一個目標的動力，接著他便突破更多的小目標，直到抵達終點。

試想一下，如果不把這麼長的一條路線劃分為十幾個單元目標，要一口氣跑完如此長的距離，心理壓力想必極大。他即便能堅持到底，也未必能奪冠。正因為運用這些容易實現的小目標不斷激勵自己，強迫自己逐步挑戰和完成，山田本一才能完成此一壯舉，在世界級的馬拉松比賽中一鳴驚人，並且奪得冠軍。

這和我們工作的原理一樣，有偉大的目標固然是好事，但是很多人也會在努力的過程中半途而廢，因為他們沒有制定階段性的步驟。雖然他們有強大的意志力，也對自己形成了極大的激勵，不斷逼迫自我迸發潛能，但一想到離終點仍很遠，最後還是敗下陣來，難以成功。如果像切豆腐一樣把目標切成小塊呢？一口接著一口的吃，過程就相當簡單了。

5.6 永遠要設定一個「最後期限」

有些人做事情總是一拖再拖，不到最後一刻不會去解決問題。在「最後一刻」來臨前，他極盡全力逃避工作或問題，並給自己找了一個藉口：「實在不做不行時，我相信自己能迸發出全部的潛能，很快就會做完了。」這麼做的結果就是，你永遠看不到他們高效完成一件事的那一天，因為他們眼中的「最後一刻」其實沒有期限。既然沒有時間的截止點，也就談不上強制性的行動。

要激勵自己從一開始便拿出有力的行動，就必須設置一個「最後期限」。也就是說，無論做什麼事情，都要為這件事情訂一個期限，在這個時段內必須完成既定的工作。

麻省理工學院進行了一項有關時間的實驗，共有三組學生參與，在一週內，每組必須分別完成三項小任務。

第一組：在老師的要求下，為這三項小任務設定了最後期限，第一項任務為第二天完成，第二項為第四天，最後一項為第六天，老師最後一天會來檢查任務完成的狀況。

第二組：老師沒有任何要求，只是讓學生盡力完成。

第三組：老師讓學生自己設定最後期限。

實驗結束後，老師前來檢查任務完成的結果發現：第一組和第三組同學的任務完成度最高，第二組同學表現稍差。

這個實驗證明了，對執行任務的截止日期規定越明確，任務完成度就越高。這也顯示我們一定要確保自己所做的事情有個最後期限，要在「某月某日某時刻前」完成計畫，用一個具體的時間截止點要求自己馬上投入工作，並且規畫好這段規定的時間該做什麼。最後期限是對我們的一個明確約束，不僅能保證任務準時完成，還能提升自己在單位時間內的工作效率。

設定具體的「期限」，達成率越高

有一次，我和朋友去打高爾夫球，不巧把球打進旁邊的雜草區。一直站在身後的球僮和我一起過去找球，他欲言又止，似乎有話要說。等我轉身要走時，他怯怯的開口了：「我能請教您一個問題嗎？」

「沒問題，請說。」

「其實我想做一件與眾不同的事情，和現在工作不同。我不想一直當個球僮，站在那裡替別人服務一輩子，但是我不知道做什麼才好？」言談中，他顯然對未來感到困惑。

「那麼，你想什麼時候去開始那個『與眾不同』的工作計畫呢？」我問，「不管做什麼，總得有個行動的時間吧？」

「我真的還不知道。」他摸著頭，不好意思的說。

「那好，這樣，你花一個月時間去想想自己未來到底適合做什麼。這三十天內，你一定要給自己一個明確的目標，把想到的寫在紙上，然後想一想自己要做的事情在什麼時候能夠實現，以及這個計畫應該什麼時候開始。等你得到結論後，再打電話給我。」說完，我把電話號碼留給這位球僮。

一個月後，我收到球僮傳來的手機訊息。他告訴我：他已經為自己設定了一個工作目標：要成為這座高爾夫球場的經理。他說，因為現任經理幾年後就要退休，所以他的目標達成時間就要在這五年內，實現這個夢想。

三年後，我再次去那座球場打球時，並沒有看到那個球僮的影子。問起身邊的球僮，他說現在球場的人事變動很大，他也是剛來的，不過聽說現在的經理也曾是一位球僮。這位球僮說：「我要向他學習！」

所以，我們常說，做一件正確的事情對一個人是多麼重要。當然，僅僅找到正確的事，還不代表你正邁向成功，要加上一個「期限」，規定自己必須在一定時間內完成，否則一旦拖延起來可能沒完沒了，那麼這件事情做不做也就毫無意義了。

「最後期限法」可以增加急迫感

當你有了自己的目標，並且寫下期限時，你就離成功更近了。因此，不要只是把目標貼在牆上，天天對著它嘆氣，要在後面寫上時間：某年某月某日。最重要的是，在這之前完成它。有了時間的急迫感，你就能明白什麼時候該啟動，如何在這段時間內分配自己的精力。如果你制定目標後從來沒有想過要做到什麼時候，那肯定不會有太大成就。

在天津上班的小尹有嚴重拖延症，但是他最近做了一個實驗，就是讓自己在短時間內完成大量的工作。他這麼做的目的就是要提高自己的效率。當然，有了急迫感後，他成功在自己訂下的「最後期限」之前完成工作。

小尹感慨的說：「本來需要兩小時完成的工作，我四十分鐘就搞定了。這在過去根本不可能，以前我不知道要逼一下自己，總認為可以慢慢來，別讓自己受委屈，也造成我的效率很低，明明五天可以做好的事，要花一星期才完成。但現在，我寫下時間，心裡不斷告訴自己，不能延誤，集中精力完成這項工作，省出來的時間就可以做其他事。」

「最後期限法」在應付一些重複性的工作上完全可行，成效甚大，也能同時拿來處理新的課題。在某些特定情況下，我們需要在工作中激發創造力，在最短的時間內做好，可以依靠「最後期限」給自己壓力，提高工作效率。

但是也有意外，當你在「最後期限」來臨前，不得不放下現在的工作去做別的事情時，應該怎麼辦呢？

這會讓你感覺難受，就好像一次強制性的努力要失敗了一樣，不是嗎？意外是不可避免的，我們要做的就是盡量在計畫中兼顧所有意外，並為此預先想好備案。例如，你知道意外可能發生，機率有四〇%或七〇%，那麼就做好「意外百分之百會發生」的準備，將「最後期限」的時間延後。本來打算三天做好的事情，你可以規定七或八天。這能讓你從容的面對意外，避免違反計畫後讓自己產生失敗感。

我有長達十五年實踐「最後期限法」的經驗，大部分事情都會用這個原則來管理進度，督促自己在合適的時機立刻啟動並在執行中不拖延。但時間久了之後，我發現，其實最重要的不是我們設定的期限本身，而是我們該怎麼去設定它、管理它，以免在最後期限手忙腳亂，把事情搞砸。

設定期限是一門藝術，並不如想像那麼簡單。時間過於緊張，可能造成我們處理事情的效率下降。因為日程被排得太滿，導致我們的思考無法放鬆，出錯的機率也會增多。因此，你要量力而為，結合自身的能力、事情的難度和所需時間，來找出最恰當的「最後期限」。

找到時間和能力的平衡點

想要徹底解決這個問題，就要找到它們之間的平衡點。時間、能力和工作的性質，你至少需要在一分鐘內考慮清楚，再做出完成任務的時間規畫。

例如，公司交給你一項統計客戶資料的工作，要求你將這一年來的所有新客戶資料統一整理到一個檔案中，更新到電腦系統，同時列印出來裝訂好，提供全公司同事共享。主管問你要多久時間才能做完？這時候，你該怎麼回答？在回答這個問題前，要先搞清楚下列三個問題：

第一、公司的客戶資料平時如何進行管理？是在電腦系統中，還是在紙上？或是一半在電腦中，一半在紙上？

第二、公司的電腦系統有沒有自動歸類程式？如果沒有，所有的工作就得手工完成。

第三、公司這一年來新增的客戶很多嗎？是十幾個，還是成千上百個？人員數量也決定了完成這項工作的時間。

先對這三方面的內容進行綜合研究和判斷，你才能得知實際工作量。如果全部都在電腦系統中，人數很少，並且有自動歸類程式，半個小時就能完成；如果全部資料都在紙上，人數眾多，那麼你可能至少需要四十八小時。

這就是平衡點。嚴格的時間限制有個前提，就是我們面臨的工作難度並不大，它需要的只是你集中注意力。輕鬆的工作不存在急迫感，沒有壓力，你能從容勝任。反之，必須為自己爭取盡可能多的時間，把截止時間訂得晚一些，避免無法完成工作，將自己逼入絕境。

你會把「最後期限」當作拖延的藉口嗎？

對於短時間內不能完成的事情，設立一個最後期限非常必要。毋庸置疑，尤其是具有代表性、創意性和週期性，並有嚴格規定的工作，設定完成時間尤其重要。但是值得警惕的是，「最後期限」也往往會成為一些人「肆無忌憚的拖延藉口」。

我有一次安排工作給部屬，要求市場部的人在十五天內拿出一項關於城市廣告的市場推廣方案。「十五天。」我說：「你們有充分時間調查市場、收集資訊，等一完成，我們就跟客戶碰面。」市場部的幾個負責人滿口答應，跟同事們布達我所說的，也分配好工作。十天後，我突擊檢查工作進度，結果是——計畫動也沒動，他們根本還沒開始。

「為何工作還沒開始做？」我問。

市場部總監一臉惶然的說：「我們認為這工作只要四天就可以完成，因此大家決定明天再開始。」

「如果我明天才來檢查，你會不會說只要三天就能完成這個工作，所以後天才開始？」我反問。

事實上，這是我的一次測試。我要看看部屬在處理一項並不複雜的工作時，即便有最後期限的約束，他們會採取何種態度？對某些人來說，「最後期限」此時反而成為拖延的工具。他們心想：反正離截止時間還早，在截止日前，主管應該不會過來催促，因此時間快到時臨時加班趕做也來得及。於是，截止日前的這段時間成了「沒有壓力的快樂時光」。

我們要特別注意這一點，不要在「最後期限」之前的有限時間才去工作。「最後期限」的作用不應該是「在那之前完成」，而是「我們只有這些時間，應該馬上開始」。對「最後期限」不同的定位，決定了不同的行為模式。

5.7 不要太心急，先摘搆得到的蘋果

「不想當將軍的士兵，不是好士兵。」拿破崙的這句名言，影響了後世無數人，當然，也成就了很多人。很多人為了成功，即使付出再大的代價也在所不惜。但是，有一點可以肯定，就是快速成功在今天並不具有普遍性。

做將軍，還是做士兵？做這個選擇一點都不難，沒有人不想快點成為一個風光無限的將軍。我相信，很多人都夢想成為比爾．蓋茲，但並不等於ＩＴ行業的從業者都一定能夠成為他。我

們大多數人窮盡一生努力，也無法打破自身才能的侷限，唯一不同的是，努力總會讓我們獲得幸福感和成就感，並實現自己的價值。

在一次會議上，我們公司的特聘顧問、加利福尼亞州立學院的心理學教授麥哲倫說：「很多人把實現夢想與欲望膨脹綁在一起，尤其在這個充滿機會的世界裡，他們認為只要自己想，就可以無所不能，因此這是造成『壓力病』的最大根源。」麥哲倫舉了摘蘋果的例子，「遍地蘋果樹，上面結滿香甜的蘋果，人人都躍躍欲試，想把果實收入囊中。不過，走出果園的人大都不會如意，因為多數人摘到的都是長在果樹下方的蘋果。」

對野心勃勃的人來說，事實往往是他們無法接受的。有人設定了非常高的目標，給自己很大壓力：「我要實現它！」他們的想法豐富，學識淵博，態度積極，工作認真，也沒有拖延症，幾乎全是優點，但能力還是差那麼一點點，所以結果往往令人失望。「為何我做不成這件事？」他們的臉上寫滿不甘心。

你要記住一句話：在一開始，你必須只去摘自己摘得到的蘋果。

在北京的一次活動中，我舉辦了一場「摘蘋果比賽」。地點就在一座果園中，當時正好是蘋果成熟的季節，共有三十人參加這場比賽。當天的比賽規則只有一條：誰摘到的蘋果最多，就是贏家，獎勵是兩張加州迪士尼樂園的套票。獎品相當不錯，但我們看重的不是結果，而是對過程的觀察。

比賽中，有人為了顯示自己的本領，爬到樹上去摘高處那些又大又紅的蘋果，對下面伸手可及的蘋果漠不關心。有參與者提醒他，比賽結果不看個頭和成色，只看數量，但是他絲毫不為所動，結果竟然樹枝斷了，他從樹上摔了下來。這個參與者只想摘那些最大、最高處的蘋果，不僅摘到的數量很少，還付出受傷的代價。

但是，也有人默默摘著最下面的蘋果，盡可能把每棵果樹低處的蘋果一一摘進籃子裡。有人一手提籃子，一手拎椅子，在每棵樹下只摘三分鐘，捨棄那些位置偏高、站在椅子上仍然搆不著的蘋果，既節省時間，也摘到最多蘋果。最後，他是這場比賽的贏家。

我們的理想，就像是樹上的蘋果。最遠大的那個理想，就是長在樹梢上最高、最紅、最大的那顆蘋果，它自然也是最為誘人，每個人都對實現這樣的理想夢寐以求。誰不想用兩年時間就能創造出馬雲、祖克柏那樣的事業呢？就像每個剛從大學畢業工作的人都夢想過：一年內升任部門經理、成為老闆跟前的紅人、拿到百萬年薪……可是，這樣的夢想距離我們太遙遠，難以實現。即便你知道如何實現，也不可能在短時間內做到。因此，心急吃不了熱豆腐。

我在自我管理的過程中，始終遵守的一個原則便是「理性壓迫」：

- 我會設定一個大目標，而且是遠景，但不要求短期內實現；
- 我每天對自己施加壓力，不停止行動，但我只對自己施加適度的壓力；

・我當下最重要的任務是實現那個「最容易實現的目標」，而不是盯著遙遠的終點。

近在咫尺的蘋果很容易摘到，這也是我們比較現實的理想，雖然它沒有長在最高處的蘋果那麼誘人，但它唾手可得，摘到它代表我們進步了。換句話說，我們應該先做好眼前比較輕鬆的工作，一步步累積，最後實現從量變到質變的突破。

能力不足時，暫時放棄大目標

德國柏林愛樂交響樂團是個「足夠香甜的蘋果」，擁有「世界第一交響樂團」的美譽，能與這樣的樂團到世界各地演奏，是每位指揮家的夢想。然而，一九九二年，當樂團邀請賽門・拉圖擔任指揮時，卻遭到拒絕。

賽門・拉圖說：「擔任這個樂團的指揮確實是我夢寐以求的事，收到您們的邀請，是我的榮幸。只是柏林愛樂因演奏古典音樂而聞名海內外，但我對古典音樂知之甚少。如果接受邀請，非但不能為樂團創造榮譽，還可能因此耽誤樂團的發展。對我而言，這是很好的機會，但是我真的沒有能力勝任，所以只能予以婉拒。」

作為音樂家，成為世界知名樂團的指揮者是多麼難得的機會。在常人看來，拒絕這樣的機會是傻瓜才有的行為。難道你以為賽門．拉圖真的就此放棄嗎？不，他比以前更勤奮努力，他開始加強自己對古典音樂的研究和學習，還把重心全放在古典音樂的指揮上，他對音樂的理解超乎常人，精湛的指揮技巧也令聽眾傾倒。

二〇〇二年，賽門．拉圖再次收到柏林愛樂的邀請。這次，他立即表示接受，並且帶領樂團一次次創造演奏史上的奇蹟。為什麼他這次反而接受邀請呢？賽門．拉圖認為，自己經過學習，已經有實力帶領這個樂團走向輝煌。誠如他所說：「我能力不足時，就不能去追求過高的目標，必須暫時放棄，以求有時間學習更多的知識，為未來成功抓住這樣的機會打下基礎。」

務實和明智的作法，可以更提高行動效率

其實，賽門．拉圖第一次放棄機會，並不是失敗，不是怯弱，而是一種務實的作法，也是很明智的選擇。在能力不足時放棄過高的目標，反而展現一種更聰明、更有前瞻性的行動力。這種放棄也在向人們宣示著成功的至理——現在的放棄是為了迎接更好的將來。

有時候，你會發現，暫時的放棄並不是損失，而是對自己一種長遠的激勵，給自己學習和準備的空間，這樣就有更多時間讓自己變得更成熟。不放棄力所不及的目標，就像「摘蘋果比賽」中，那位爬到樹頂又摔下來的參與者，不僅摘不到蘋果，還損失大了。

簡而言之，在我們實力不足的時候，就不要強摘那些高高在上的蘋果，雖然又紅又大，摘到它代表著至高無上的成功，是無數人的夢想，但要務實和明智的看清楚，自己的選擇能否帶來收益。無論你多麼渴望擁有和實現它，只要客觀條件不允許，就請你立即放棄。我們必須透過不斷的努力，吸收更多和更豐富的營養，等你長得夠高、力量夠強時，就是能摘下最高處的蘋果的時候。

5.8 懂得變通，調整修正前進的方向

世界級潛能開發專家安東尼．羅賓斯在一場演講中，問台下的聽眾：「勝利者和失敗者的區別是什麼？」現場沒有人的回答令他滿意。因為在羅賓斯看來，「做選擇」和「行動」有時會交叉出現在人的思考中。成功之路不是一條直線，而是一條曲線。勝利者擅長走曲線，失敗者只知道走直線；這就是區別。

人生在不斷的選擇、肯定和否定中前進。選擇不同，人生就會不同。人類有別於生物鏈中其他的很多物種，是一種不斷積極尋找目標的動物。我們生存的意義不止於食衣住行，還包括能否找到適合自己的目標。有了目標，才能激勵我們努力去奮鬥和實現夢想。

但是，人生的目標不是唯一，也非永恆不變。有了目標，就要去規畫，為了達到目標，把

握自己的命運，我們要走一條正確的道路。每個人都希望自己成功，都想要有上進心，這是人的本性，但實際行動起來卻不容易。你要採取科學的方法，進行切實可行的自我管理，積極發揮自己的特長，集中釋放自身的能量。最主要的是，你要適時調整和不斷修正前進的方向，去走出一條正確的曲線。

環境不斷在變，行動過程也要跟著變

在我們實現目標的過程中，總會遇到很多會造成影響的動態因素（當然也包括很多意外因素），導致我們無法完全掌握未來可能出現的所有因素，因為你今天所了解的情況，到了明天可能就發生變化。各種動態因素交互作用，決定我們所走的路不會是一個靜態、固定的模式，想著做好計畫後便一勞永逸的作法，更是不切實際。

那麼，落實在行動中，就必須適應這些多變且不停變化的因素，適時調整和修正原來的行為，使計畫更符合當下，在事情變化的動態中尋找最可靠的解決方法。

擁有這種「計畫的可變性」思考時，你就開發出了自己的「動態思考」。也就是說，要考慮達到目標的要素和現實發展趨勢的相互關係，以便靈活調整自己的行為，也就是我們所熟知的「變通」。

一個懂得變通的人，也一定是個聰明人，他在遇到任何事情時不會鑽牛角尖。所以，變通可以保證你不會把自己逼上絕路，不會鑽進死胡同。變則通，通則活。這個世界每分每秒都在變化，做人和做事難道不應該因時而變嗎？變通是自然的規律，當然也是人生的定律。

在工作中，任何事情的發展都不是一條毫無波動的直線，而是呈曲線運行。一個懂得隨時變通的人，可以從事物發展的規律中總結出應該遵循的原則，並且依照事物的規律來應變。不會變通的人，面對變化的形勢，往往不能及時調整自己的做事風格和行動計畫，他們碰壁的機率很大。

有一種平時生活在大海的馬嘉魚，每年到了產卵期，便會游到河流入海口產卵。這種魚的行為有點「傻」，總是直著游，不會轉彎。不管前方出現什麼情況，馬嘉魚都是直線游到底，不會改變方向以躲避天敵。所以，漁民便將魚網橫在入海口，馬嘉魚就自投羅網了。

而馬嘉魚被網住後，魚群越是憤怒，就更加勇往直「游」。於是漁民們特製了專門捕抓馬嘉魚的魚網，魚越是使勁往前游，魚網收得越緊。

我們會想，難道這些魚不會後退一下，就能擺脫魚網的束縛？這個例子告訴我們，即使面對重大問題，在行動中也不能毫無大腦的固執行事，要適時調整自己的心態，依形勢靈活變通，改變策略。行動應該以解決問題為目的，只要能解決問題，隨時可以換個方向。

用變通與合作克服環境的不完美

我認識一家公司的部門副主管羅先生，他是個富有理想並且非常執著的人。這是成功者必備的特質之一。但如果過分執著於某些原則，也會帶來問題。像是羅先生在公司有個綽號：獨行俠。因為同事覺得他既固執又喜歡獨來獨往，還是個工作狂。不難想像，這樣的人在公司中的人緣比較差，他近兩年的業績表現也很平庸。

我問他：「你想改變這種情況嗎？」

他回答：「當然想，我連做夢都想！」

「方法很簡單，別再覺得你的想法獨一無二，是不可改變的，聽一聽部屬和同事怎麼說，必要時變通一下。你要成為一個能和人們合作的好同事，主動融入團體。這並不意味著你要放棄原則。」

我希望羅先生從此變得善於溝通、能夠變通和增強合作能力，這是一個優秀行動家應該具備的特質。

有時候我們必須執著，但執著並不等同於「寧死不屈」和固執。有時候善於變通，也能讓對手變朋友，讓同事更加支持自己，為自己的未來多開闢一條道路。不管做什麼，總抱著一成不變的態度對抗環境是行不通的。

少了變通的態度，也會影響我們的日常生活、工作和交際。不會變通，抱著硬碰硬的態度，可能會影響到工作效果，甚至會影響到合作關係。因為工作不像是交朋友，我們無法像交朋友那樣「擇優棄劣」，而是要從利益的角度來考量。工作關係要的就是一種共同獲利的合作氛圍，你不懂得變通，其他人的利益便會受損，合作氛圍就會不和睦，自然會冷落你。

在現實生活和工作中，我們都會遇到自己不喜歡的人，但是為了達到某種目的，我們還是要和對方打交道。此時，我們就要懂得變通，修改一下交際的方向和原則，調整一下細節上的策略。與自己不喜歡的人交往，心情肯定不愉快，面對一個處處與自己對槓、合不來的人，肯定想遠離他。但是，現實狀況又不允許你一走了之，你需要想辦法解決這個問題。

首先，消除偏見，偶爾聽聽別人的意見。

解決這個問題的方法只有一個，那就是放下架子，打開心胸，主動消除偏見，盡可能找出對方的優點。

若是想硬著頭皮、強顏歡笑與之接觸也不行，你必須真誠面對，聽取對方的心聲，看看對方有什麼可取之處，這才是具有正能量的處事方法。我們要在思考上做些巧妙的變通，將想法上的對峙轉化為見解上的融合，共同完成一件事、一個專案實現收益。

其次，改變思考，調整一下行動的方向。

做人做事要學會「變」，更要鼓勵自己採取符合實際的作法。當你遇到阻礙或其他困難時，就要適時改變自己的想法，「為什麼這樣做不行，那要怎麼做才行得通？」別固執的抱著錯誤的思路不放，換個角度去攻堅，也許就能將這種環境帶來的阻力化為一種尋求突破的動力。我們要透過變通抓住機會，透過行動獲得成果，同時也要學會靈活的、辯證的看待問題。

5.9 專注眼前目標，落實每個既定步驟

努力給自己製造壓力，就可以萬事大吉了嗎？強迫自己採取行動，就能一勞永逸嗎？

以下情況在許多地方都能看到：

深夜，在辦公室、圖書館、教室，人們拿著一份計畫拚命努力，但他們都有一個致命的缺點，就是做什麼事情都不徹底，而且缺乏方向感。人們為了學習、考試、工作付出許多，承受了極大壓力，可是收穫卻非常少。

真正理想的作法是，我們既要給自己壓力，也要防止壓力過大而分散精力，無法專注於當下的工作。我們既要充滿熱情，又要知道怎麼劃分主次，分配自己有限的注意力資源。

我曾在飛機上遇到一個很健談的年輕人，他熱情的對我打招呼，並自我介紹。透過簡單的了解，我得知他要去蘇州的一家公司面試。當我問及他有沒有工作經驗時，他滿臉不在乎：「我在很多家公司都做過，工作經驗很豐富。」

他年紀輕輕就在很多大型企業工作過，這讓我大吃一驚。他提及的企業中，不乏知名的跨國大公司。我問他：「你對以前的工作感覺如何？是不是累積了一些經驗？有什麼心得呢？」「說真的，沒有，工作沒有意思，都是一看就能做的工作，太簡單了。我覺得適合我的平台很難找。」這名年輕人一臉輕鬆。

我沒有再說什麼，因為這是他的生存之道。這個年輕人不到三十歲，已經換了六家公司，並且都是知名企業。他在每家公司都待不到一年，說明他自己根本沒有一個明確的目標，也不可能專注的做事情，有的只是眼高手低的心態。他沒有為自己規畫職業生涯，對當下、眼前並不關注，只關心未來的夢想。那麼，即便他是在跑步前進，又有何意義？

專注力不足，什麼都好什麼都做

一個人成長的前提是什麼？不是有多麼美好的夢想，設定了多麼遠大的目標，而是學到專注的做好每件事，處理好這件事，再去開始做另一件事；要讓邁出去的每一步都成為自己人生的資產，而不是在事後覺得「毫無意義」，這樣才算是為自己的成長添磚加瓦。

早年我在化妝品公司工作時，也遇過一位這樣的同事，他非常聰明，興趣很廣泛，不光動手做能力特別強，性格也非常好，頗得同事們喜歡。但是他有個缺點：做事漫無目的，容易走神，不管多重要的工作，他都無法徹底做好。有時候許多人都在等著他提供資料，早上承諾給的拖到下午給，下午承諾給的拖到明天給。

對於這樣的人，你必須跟在他的屁股後面不斷督促。如果你沒有追緊，他就做不成這件事，因為他的理由永遠都是「我還有別的工作」。他的確忙得不亦樂乎，時間吃緊，但他永遠不能迅速完成當下最要緊的工作，他的專注力很差，總是被其他事吸引。

這樣的人在職場上隨處可見，因為他們什麼都能做，接受任務時從不推諉，往往特別討某些上司喜歡。但問題就在於，他們也因此總是虎頭蛇尾，很難專心做好一件事。

少了專注力，人們在做事時就會任由自己的思緒游離，無法集中注意力，一會兒做這個，一會兒又去做那個。他的精力總是用在計畫之外，沒有辦法專注於當下。做A的時候，他腦袋想的是B；等要做B了，他又開始琢磨A的事情。他自己也很想把工作做好，因此承受巨大壓力，但從結果來說，卻是十分糟糕。

做任何事一定要有優先順序

要讓自己成為一個主次分明的人，具體來說應該做到：明白哪些事情是重要的，哪些事情是次要的；知道並且擅長區分事情的輕重緩急，讓自己始終在當下做最重要、最要緊的工作，而不是既無目標，又無方向，還不懂得進行工作分類。一個無法搞清楚重要性的人，他做事的效果和效率肯定慘不忍睹，因為他一直在行動，但是永遠不會有好的結果。

許多剛進職場的年輕人，雖然有夢想、有熱情，但沒有正確的工作觀念；有學問、有思想，但是沒有實用高效的工作能力。不少處在這個階段的學員都曾向我請教，我認為只用兩個字就能解決大部分問題：專注。

不要想太多，只需要專注於眼前的工作，把當下的工作做好，推著自己一步步向前走，就會有光明的前途。如果你不專注於眼前，這山望著那山高，腦海中無數次有跳槽的念頭，那就真的很難擁有更好的未來。

在我的諮詢經驗中，多數有類似想法的人都沒有如願以償。只有那些一步一腳印、對未來沒有太多妄想的人，反而能因為自己強大的專注力而有意外收穫。

行動技巧 ❺

別等萬事俱備：「時機成熟才去做」就來不及了

- ☐ 1. 環境總是不夠美好，用行動去改變就好了
- ☐ 2. 別輕易搖擺，堅持自己的選擇，少說多做
- ☐ 3. 把工作目標分類，找出必須做的就行動
- ☐ 4. 想想馬克·祖克柏、馬雲，當年創業的條件都不好
- ☐ 5. 把大目標分割成小目標，就更容易動起來
- ☐ 6. 切記，沒有無限期這件事，畫押時間才不會拖延
- ☐ 7. 實現那個「最容易實現的目標」，而不是盯著遙遠的終點
- ☐ 8. 對人消除偏見、對事改變思考，才不會到處卡卡
- ☐ 9. 找出事情的優先順序

方法6

時間管理

6.1 「番茄時間管理法」你用了嗎？

俗話說：「一寸光陰一寸金，寸金難買寸光陰。」這句話說明了時間的重要性。時間如流水，一去不復返。我們不光要訂定務實的計畫，付諸實際行動，還要利用自己可支配的時間，因為最後的行動成果都可見「單位時間」的運用效率。不會管理時間，什麼也「做不到」。

我不管走到哪，都會聽到很多人說自己「很忙」。「我很忙」這個詞在很多年前，儼然成為成功人士的標誌，更成為現代人的口頭禪。現在，人們工作和生活的節奏非常快，時間明顯不夠用，不管多麼努力，總感覺要處理的事情太多了，根本沒時間完成。於是，人們迷戀這種「很忙」的狀態，一旦覺得自己不忙，就好像被主流社會拋棄了。

誠如我有位客戶所說：「不知道從什麼時候開

始，我怕自己閒下來。一閒下來，就會感到恐慌，彷彿有什麼該做的事沒去做，或是被這個喧鬧的世界給遺忘了。於是，我拚命加班找事做，以證明自己和別人一樣活得很精彩。」

在我看來，有這種「很忙」的感覺恰巧證明他不善於管理時間，是人生失敗的特徵之一。特別是現在很多年輕人普遍沒有時間觀念，因為剛步入社會，或剛進新公司，還在適應期，沒有調整計畫，也沒有一套屬於自己的時間管理辦法，就只好用「我很忙」來自我安慰。

我們現在的人際交流和獲取訊息的管道非常多，但是利用時間的效率卻相對低。史密斯形容說：「對現在的人們來說，即便是安心的把一件最簡單的事情做好，也是一件困難的事情。人們隨時會被身邊的訊息打斷，手機響了，郵件來了……許多意外因素分散了我們的注意力，將處理任何一件普通小事的時間都拉得很長。」你也會因此感到很無奈，不是嗎？現在問題的重點已經不是工作量的大小，而是時間的分配。我們無法懂得有效率的利用時間，就像所有精力都被時間預先支取了一樣。

在工作或學習的過程中，往往一開始，我們有些好的體驗，所以效率非常高；精力集中，興致頗高，而且鬥志高昂；對時間有強烈的急迫感，對方向有清晰的定位。但是時間越久，隨著內心乏味與精力鬆懈，你可能開始走神，興趣下降，工作效率也越來越低。

一位學員曾經說：「接受任務的前期就像初戀，但慢慢的我便進入了『七年之癢』。時間真是殺手，它殺死我對一切有意義事物的興趣。」

該如何提高工作效率，讓自己更能集中精神工作呢？這是人們非常關注的一個問題。換句話說：「如何讓時間在我們的行動力中扮演積極的角色？」在我看來，最簡單易行的時間管理方法，就是「切分」時間，像流水線一樣進行管理。例如運用番茄時間管理法，從微觀角度分配和管理時間，發揮每個時間單元的效率，提升行動效能。

我們把一顆番茄視為一個工作週期，以每二十五分鐘為一個單位，稱之為一個「番茄時間」。在這段時間內，我們要一直處在工作狀態中不能間斷。當二十五分鐘結束時，讓自己休息幾分鐘，再進入新的「番茄時間」。依此循環，直到完成計畫內的工作。

具體操作的原則是：

- 每個番茄時間都是完整的，不許分割，不存在半個或一個半的番茄時間，我們必須嚴格遵守這個原則。
- 如果你在一個番茄時間內，做了與當前的工作無關的事情，那麼這個番茄時間便是無效的，也沒有任何意義，必須作廢重來，進入一個新的番茄時間。每當一個正在進行的番茄時間被破壞，你無法享受破壞的成果（去偷懶），這是對走神的懲罰。
- 番茄時間管理法只適用於工作，在生活上無法應用，即使強制應用於生活上，效果也不盡理想，因為生活中的事情存在太多可變性，不像工作有很強的規律可以遵循。

• 自己的番茄時間只適用於自己，無法與別人比較。不同的工作，在運用中產生的效果也不盡相同；就算是工作相同，運用的方法不一樣，工作效率也會不同。所以，你不需要跟別人比較，因為這種對比不具任何意義。

• 利用番茄時間來管理時間和分配工作，使用的數量並不能決定任務的成敗，只是為了提高做事效率。所以，不要覺得有了這個方法，做任何事就一定會成功。記住：效率不等於效果。事實上，你只是獲得更高的效率，能充分發揮和利用時間，以達到時間管理的目的，這有助於你養成良好習慣。

• 最重要的一項原則，就是你一定要擁有一個適合的作息表，要符合作息規律，也是自己所喜歡的，這樣才能更合理安排時間，堅持下去。一個不懂得維持身體健康的人，即使學會番茄時間管理法，也不會得到好效果。

有了這些原則，剩下的就是如何具體實戰的問題。在細節方面，我們應該注意什麼？

第一、先做規畫。上班後（或早晨起來後）要做的第一件事情，就是規畫今天必須完成的任務，把想到和要做的工作列一張清單，寫在隨身攜帶的筆記上，或在電腦桌面上做一個醒目的表格。

第二、設定番茄時間長度。根據工作規畫，設定你的「番茄時間」，用手機或鬧鐘就可以，設定二十五分鐘的倒數器，然後開始工作。你可以根據自身的情況來設定「番茄時間」的長度，原則上二十五至三十分鐘為佳。

第三、休息時間。在二十五分鐘後，放下手邊工作，休息一會兒。這是重要的時刻，你可以站起來伸個懶腰，眺望遠方，放鬆一下眼睛。你也可以聽音樂五分鐘，以舒緩的曲子為佳。但是，不要利用這個機會打瞌睡。

第四、按順序進行。訂下番茄時間後，就要按照規定不停工作，直到完成這個任務，然後把這項工作從清單裡槓掉，再繼續下一個番茄時間。所有工作要按照優先順序進行，先處理緊急和重要的事項，再處理那些不怎麼緊急和不太重要的事項。

第五、階段性工作。在進行四或五個番茄時間後（具體數量可自行決定，原則上不超出自己身體的承受力），就必須強制休息一個番茄時間，這是為了能提高後面利用番茄時間的效能。

遇上其他工作、意外打擾

當然，也有比較特殊的情況，如果在一個番茄時間內，突然有其他不得不做的工作，那麼你就要停止這個番茄時間。當這個番茄時間作廢時，哪怕它只剩下一分鐘，你做完另外一項工作後，也要重新計時——從這個番茄時間的第一分鐘重新來過，以示對此時間管理法則的重視。

透過這種強化行為，來幫助我們養成嚴格遵守時間規畫的習慣。

對於突如其來的工作，例如上司的要求、同事的請求，如果不是非得現在處理的事項，你可以在自己的清單上做個標記，註明「打擾」或者「意外」，然後繼續自己的工作。

還有一些「意外」和「打擾」是比較正常的，那就是突如其來的電話。一般來說，上班時間打來的電話很多，可能是客戶、同事，也可能是親人打來的，你不可能不接。但既然接了電話，就會打擾到你正在進行的工作。所以，有必要的話，要在我們所制定的番茄時間內預留五分鐘，這是用來處理意外的時間，主要用以接聽電話。也就是「二十五加五」，每個番茄單元都預留五分鐘。

有時候電話太多，我們也可以採取一種極端的手段，關掉手機並且扔到自己視野以外的地方。但這種作法盡量少用，因為關機可能讓你錯過重要電話，影響到你的人際交往和商業關係。

工作未完成怎麼辦？

在我們設定好的番茄時間內，經常會發生工作未完成的情形。有人會把這件事情順延，留到明天去做。但此舉非常不明智，因為這等於增加了明天的工作量。

你每天的工作量非常大，這是正常現象。人們都在工作中如此抱怨：「今天的工作量太大了，老闆簡直瘋了！」這可以理解，我們早在二十年前，就已經進入「工作奴役人」的時代。這是無法改變的大趨勢和大環境，我們只能適應。

處理「未完成工作」的原則是：如果剩餘的工作不多，我建議你加班也要完成。因為出現這種情況，可能就是你列出的任務清單有問題，沒有對自己要做的事情進行準確評估，也就是說對自己的業務還不是很熟練，顯然你不知道能在多久時間內完成這個工作。因此，你要在工作規畫方面做出相應的調整，以便更合理分配自己的時間。

6.2 充分發揮和利用「零碎時間」

無論你多麼重視時間，把時間規畫得多完美，總有些「零碎時間」會悄悄流失掉。當工作益形繁忙，你正沉浸在「時間不夠」的無奈中時，你有沒有想過，是不是因為自己不會利用時間，才造成這些沉重的心理負擔和對時間流逝的恐慌呢？

在我們的生活和工作中，不乏可利用的時間：它們像是藏在角落中，難以在第一時間被發覺。有些「邊角料」的零碎時間都可以利用，它可能看起來並不起眼，但是累積起來，數量卻很可觀。

- 當你在捷運站等下一班車時，是不是有三分鐘無事可做，只好玩手機？

・當你在洗手間時，除了抽菸、胡思亂想，還做了什麼？要知道，你有至少五分鐘的時間可用來做點有意義的事。

・當你在睡前用整整三十分鐘津津有味的玩手機遊戲時，就沒想過利用這三十分鐘規畫一下隔天的工作嗎？

・當你在會議室枯燥的等待上司過來開會時，除了和同事閒聊，你還做了些什麼？

無論做什麼事情，總是會有幾分鐘的閒置時間。它們就像是裁剪衣服剩下的碎布料，是時間的流沙，如果一天累積三十分鐘，並且利用好這些「邊角料」時間，把它們用到重要的工作上，一個月、甚至一年下來，你的生活和工作會有重大的改變。

加拿大作家艾莉絲・孟若，她在二〇一三年獲得諾貝爾文學獎殊榮，享有「當代短篇小說大師」的稱號。她在二十歲時就開始寫作，直到三十六歲才出版第一本書。她在自己的回憶錄中寫道：

「我二十歲開始寫作，當時我已經結婚生子，每天有很多家務，卻沒有洗衣機。每天為孩子洗衣服占據了大量時間，不過我仍然有時間寫作。我認為只要控制好自己的生活，肯定有時間，因為時間會等對的人。」

只要我們的心裡有「時間管理」這個概念，就一定有辦法利用那些被分割成碎片，看似不重要的零碎時間。這就像釘釘子一樣，擠也要擠進去，把一分鐘、一秒鐘的零碎時間拿出來，用於處理一些可以零散進行的工作。這是對工作的承諾，也是對提升自身行動力的回應。生活節奏越快，零碎時間就越多，我們就越要重視對零碎時間的開發利用。

我們小時候曾讀過「鑿壁引光」的故事。一直以來，人們學習的是主角匡衡刻苦求學的精神，卻很少有人想到他也是個利用時間的高手。匡衡因為家境貧困，白天必須工作養家，只能晚上學習。但晚上沒有燈光，匡衡買不起蠟燭，可是時間又很寶貴，怎麼辦？於是他就鑿壁偷光，利用鄰居家的燈光為自己獲取學習的時間。

知名藝術家達文西也是個惜時如金的人，是著名的「工作狂」，他所創造的「短期延時」睡眠工作法也很有成效。這個方法算不上科學，卻很實用。他的方法是工作幾小時後，馬上睡十幾分鐘，將零碎時間連成一片，防止它們在處理瑣碎的事件中流失。達文西用這種方法爭取到更多時間，也提升自己的工作效率。

短短幾分鐘，剛好處理簡單瑣碎的事務

至於我的夥伴史密斯的作法是，在短暫的零碎時間中，迅速拿出自己的工作記錄手冊（上面寫著大量懸而未決的問題），對其中的一些問題進行思考，看看能否找到靈感。如果有新想

法就即刻寫下來，以便在正式工作中進行討論。不論走到哪，史密斯都帶著這個小本子。公司同事都知道他有這個習慣，因此戲稱他為「手冊史密斯」，有時也親暱的叫他布克（Book）。

由於每個零碎時間的長度都只有幾分鐘，最多不過十幾分鐘，所以並不適用於需要集中精神和長時間投入的工作，卻有利於處理那些比較簡單、較為瑣碎的事務。例如，獲取靈感、回覆郵件、問候客戶、審核部屬的申請、檢查工作等，這些很快就能完成的工作。我自己就常利用零碎時間回覆客戶和員工的郵件，不知不覺就做完這些極為瑣碎的事情。

串聯「零碎時間」，不浪費每一分鐘

時間是生命的核心要素。沒有時間，生命不復存在。一言以蔽之，管理時間就是管理我們生命的運行。如果你連自己的時間都無法管理，那麼，你可能做不好任何事情。沒有財富，我們可以再去賺；知識不足，我們可以努力學習；但時間流逝了，我們就失去讓自己成長的一切機會。如果你連時間都無法掌握，又怎麼能將自己「知道的」轉化為「做到」呢？你又如何去獲取知識和財富呢？

所以，最重要的就是改變我們大腦的「認知」，對於運用零碎時間，一定要有充分的認識和清醒的大腦。你要不斷告訴自己：「不要浪費任何一分一秒寶貴的時間！在我們生活和創造財富的過程中，時間是最稀有的資源，是最寶貴的財富！」有了正確的認識，你才能在具體的操作中制定一份正確的計畫，串聯起每天的零碎時間，充分運用。

時間對每個人都很公平，它沒有任何彈性，不管你需要多長時間，用完就消失了。時間的價值遠遠大於金錢，但又不是金錢，我們無法把時間像金錢一樣儲存起來，昨天失去的時光永遠不會回來，明天的時間也無法預支。因此，你必須珍惜當下的每一秒鐘，成為它的主人，而不是被它奴役。

6.3 抓住「黃金時間」用在刀口上

英國知名哲學家培根曾說：「合理的安排時間，就等於節省時間。而不合時宜的舉動，則等於亂打空氣。」至於什麼是不合時宜的舉動？就是胡亂安排和使用時間，在錯誤的時間做錯誤的事情。

時間是任何人都無法重複消費的東西，如何節省時間、運用時間決定了最終的行動效能。如何才能把想法快速、高效的變成現實？如何在單位時間內發揮最大效力？原則就是：充分把握「黃金時間」，在這個時段做最重要的工作。

小羅斯福是美國歷史上最偉大的總統之一，他帶領美國打贏第二次世界大戰。他是個時間觀念很強的人，在工作與生活的時間管理上很有心得。他每天都會提前記錄下自己應該要做的事情，擬定一天的計畫，分配好各項工作所用的時間，並且不時的提醒自己，在某段時間應該去做某件事。重要的事情要在什麼時候，次要的工作應該如何安排，小羅斯福都有嚴格的安排，將最寶貴的黃金時間用在需要保持大腦清醒的工作上。

當有非常重要的事情時，小羅斯福便先規畫這件事情大約需要多久時間，並安排在自己的日程表內，以便處理完其他工作後，集中精神處理這件重要的工作。

利用二八原則，開發自己的「黃金時間」

我有個朋友在加州開連鎖店，他每週至少要花兩天時間到各店巡視。他覺得不是自己偷懶，而是生活中的瑣事太多了。於是，到店裡的這兩天，他只能將有限的時間全部用在刀口上，在有限的時間，打理店裡最重要的工作，對那些雞毛蒜皮的小事情，一概不理，交給下面的主管人員負責。

他說：「越是感到時間緊迫，就越明白這句話的意義，一定要把時間花在刀口上。我開了上百公里的車子到店裡，只能待三個小時，不是為了檢查架上的貨物是否合格，也不是問員工昨天晚上是否睡了好覺，這些工作有品管和店裡的經理能做，我必須處理經營策略上的重大問題，讓自己的每一分鐘都很值得。」

在我們一天的時間中，「黃金時間」占比約二〇%，像上午十點到十二點，下午三點到五點這幾個小時。這兩個時段都是我們精力旺盛、思考清晰的黃金時段，在這個時段處理的工作量能達到一天工作量的八〇%。

也就是說，只要重點開發這些寶貴時間，好好利用這二〇%的時間，用在最重要的地方，就能完成八〇%的工作。因為這二〇%的黃金時間生產力最高，至於另外八〇%的時間，就可以用來處理那些次要的和不怎麼緊急的事情。無論用在處理個人事務或團隊管理工作，這個定律都相當適用。

用二〇%的時間，達到八〇%的產能

被人冠上「勇士」稱號的惠普公司前總裁普拉特，也是位富有智慧的時間管理高手，每天花二〇%時間與客戶討論、溝通重大問題，三五%時間用在召開各種會議上，其他時間用在處理公司文件和參加商業活動。在他看來，那二〇%的時間最重要，也是他一天中精力最充沛的時刻，適合用來處理比較重要的工作。

很多人雖然對時間管理有充分認識，但對於如何分配和使用時間卻缺乏認知，尤其不懂得重點開發自己的黃金時間，使得他們的思考和行動效率都比較低。我們不僅要從根本上認識黃金時間的重要性，還要結合自身的情況找到它、定位它，然後訂出一份有針對性的計畫去開發運用。

有次我問史密斯：「告訴我，你一天中精力最旺盛的是什麼時間？」

他毫不猶豫的回答說：「上午十一點。你呢？」

我說：「啊，我是下午三點到五點。」

看，每個人的黃金時間可能不太一樣，就像人們的思考習慣不同，身體情況也各有差異。有人上午很興奮，下午卻昏昏欲睡；有人上午睏得抬不起頭來，下午則思考活躍。時間就是效率，那要如何善用時間呢？我們必須分析自己的特點，找出自己的「黃金時間」，再把一天中最重要的工作放到這時候處理，就更能提升自己的工作效能。

6.4 「倒數計時法」可強迫自己行動

什麼是「倒數計時法」？顧名思義就是用倒數計時的方式，強迫自己在截止時間前盡快完成既定的工作。這在會議管理、個人工作規畫和團隊進度管理上，都是一種行之有效的方法。

運用這種倒數計時法時，有兩大原則：

・第一、一定要限定截止時間，讓工作的週期有最基本的保證；

・第二、透過倒數計時製造急迫感，督促自己（人們）加快速度。

二〇〇八年，我為公司的培訓機構和傳媒部分別引入這項制度，首先用倒數計時的方式管理會議，要求所有會議都盡可能縮短時間。後來，我又推廣到每個部門、每名員工的任務管理中。我說：「在這裡，沒有工作可以無限延期。我不希望聽到有人說：『還有二十分鐘就要提供報表，可是我還沒開始做，誰能幫幫我？』對不起，我們公司不歡迎這樣的員工。」

馬里蘭一家公司的行政主管唐娜・萊特，正被拖延時間的「惡性循環」搞得焦頭爛額。她的工作動力隨著任務堆積越多而降低，也就是說，隨著任務不斷增加，她的工作動力急速下降，處理工作的速度更加緩慢，內心壓力已經到了幾近崩潰的邊緣。

坐在我面前的十五分鐘內，她喝了兩杯水。談及自己的工作狀態時，她依然十分緊張，雙手互搓，雙腳不停輕輕顫動：「那一刻，我突然像是從噩夢中驚醒，發現所有工作都到了交付的截止日期，老闆和副總裁分別打電話來，但我卻沒辦法開始做任何事情。我意識到自己像玩捉迷藏遊戲一樣迷失了自己。」

萊特繼續說：「有許多同步進行的工作，這讓我感到焦慮。我安排了進度表，也設好截止時間，但有三分之二的部分始終沒有開始。我不知道為什麼，一切都糊里糊塗。現在我簡直要大聲咆哮了，『這是什麼鬼工作』！」

萊特不甘心接受這樣的命運。她在公司的年薪有美金三十萬元，又負責非常重要的行政管理工作。她說，如果連自己的任務與時間都安排不好，要如何管理部屬，為全公司的行政工作提供指導？目前萊特面臨一項最急迫的任務，就是如何把壓在手頭上的工作盡快處理完。她需要「解藥」——即使要她從頭開始，推翻目前的工作策略。

用截止時間只剩幾天，來增添緊張感

為工作設定「最後期限」是我為大家推薦的方法。任何工作都要有一個截止時間，你已經接受並學會這個原則。但是，如何保證我們能夠快速開始工作，並從一開始就給自己製造一種強大的推動力，避免工作被拖延到最後時刻？就像萊特所面臨的困境一樣。

想跳出這樣的麻煩，我們就要為自己的任務倒數計時，時時告訴自己還剩下多少時間，並按部就班檢查已經花掉的時間，時時查驗工作成果，以確定後面的單位時間工作量是否需要增加。

「倒數計時法」的積極之處在於，首先，它強烈的提醒我們「時間有限」和「截止時間」

的存在，潛意識會不斷提醒你：距離任務結束還有不到N天（或小時），而不是任務已經開始N天（或小時）。對潛意識而言，後者沒有壓迫感。

其次，它讓我們對已經過去的時間有清醒、直觀的認識：任務已經開始三天了，這幾天我都做了些什麼？是否已經按照計畫完成既定工作？如果還沒有按計畫完成，意味著剩下的時間中每天的工作量都增加了。為了在截止時間前順利完成工作，你必須重新計算日均工作量，否則計畫就無法完成。

6.5 找到「拉長」時間的關鍵

時間就像彈簧，不同的態度可以縮短它，也可以拉長它。當然，我指的不是真正拉長，而是提高單位時間內的效能，提升思考和行動效率，挖掘我們在每個小時內的工作潛能。單位時間的效能提升了，就等於時間變長了。

加拿大卡加利大學商學院教授皮爾斯．史迪爾著有《不拖延的人生》一書，他對拖延症對於現代社會的影響有相當深入的研究，也提出自己的見解，他說：「我認為拖延使美國經濟每年蒙受數千億美元的損失，僅僅玩遊戲『接龍』、『踩地雷』兩種電腦遊戲，就虛耗了人們大量時間，相當於損失數十億美元的生產力。」

這種現象在午後的無聊時光中相當普遍，就像我每次去後勤部門，都能發現至少兩名員工的電腦螢幕上顯示的是紙牌接龍。雖然他們關閉視窗的速度非常快，然後裝作若無其事，但我還是看得到。顯然，他們的工作時間被縮短了，並且過得很快。也許一兩個小時過去後，他們才會發現自己什麼都沒做。

這個問題的關鍵是什麼？這個世上既沒有「為什麼我們會拖延」的單一解釋，也沒有「如何才能徹底克服這種行為」的絕對奏效方法，就像切除闌尾一樣。但時間拖延症不是闌尾，它常被潛意識認為是健康的，儘管拖延症正在吞噬我們的想法，讓想法來不及變成行動就消失了，就如同稍縱即逝的「量子泡沫」（Quantum foam）。因此，所有針對拖延症的建議和訓練都可能成為潛意識的敵人。

然而，關鍵在於我們如何說服潛意識愉快的接受這些任務，包括設定目標、分割大任務變成一系列小任務、規畫和管理我們的精力、用強制性的時間管理來開發單位時間的效能。重要的是你必須愉快的接受這樣的訓練，並成為一種新習慣。

一小時爆炸計畫，逼出自己最大潛能

在培訓中，我們提出一項名為「一小時爆炸」的時間拉長計畫，試圖透過處理較難的任務來建立新的習慣。它的執行原則是：

- 第一、在訓練時，我們要選擇自己精力最充沛的時刻，通常是上午十點或下午四點。對於某些特殊的族群，也可能是晚上十點到凌晨一點。總之，務必在自己的黃金時間展開這個訓練。
- 第二、我們強烈推薦人們在此時選擇一個表現自己積極向上的目標，並集中所有的精力，比如專業學習、大專案規畫或撰寫文案、報表。這些目標也要具有一定的挑戰性。
- 第三、在一小時內，關閉所有電子設備，包括手機、平板電腦和網路（除非你的工作需要上網），關上房門和窗戶，忽視外界的任何聲音，直到他們有更重要事情而踹開你的門。

在諮詢和培訓中，我不只一次發現，人們總是將注意力放在他們認為難度最高且最重要的工作上，然後把時間浪費在那些毫無收益的活動上。這在萊特的身上最是明顯，她一邊因過多的工作而焦慮，一邊又不停的上網、聽歌或與閨密「煲電話粥」。這成為一種「癌症」，而她卻對此無能為力。

運用「一小時爆炸」計畫，我們可以先用比較輕鬆、但同樣重要的工作進入時間規畫的第一部分，例如跟進客戶，完成手中的開支報告、下個季度的行政規畫，或者打電話給明天要見面的客戶。然後，你需要評價一下這次試驗，問一下自己：

「剛才這十分鐘，我感覺如何？」

正面的體驗可以為我們贏得「高效」「積極」和「有益」的好名聲，對潛意識形成愉快的刺激，也可以壓制那些「屈服」於拖延命令的衝動。隨後，我們必須用強而有力的實踐建立一個近乎偏執的時間管理習慣，增強工作的難度，用「下一個小時」處理更為重要且難度較大的工作。

記住：無論多難，不要變更截止日期。當截止日期發生變化時（或推遲），它會逼著你繼續拖延，直到工作被無限期拖延下去。

6.6 把「待辦」變成「必辦」

事實上，不論我們的計畫制定得再完善，仍會有八〇%左右的待辦事項到最後沒有處理，這若不是被無意的拖延，就是被莫名其妙的取消了。「待辦清單」有時會有積極的督促作用，但大部分時候則像沙漏一樣，將一些重要的任務漏到了你無法關注的地方。直到過去很久，你才可能突然想起這些計畫「曾經存在過」。

把工作分類時，要強調出「必辦」

把工作進行分類是個好習慣，在每個週期（星期、月度、季度或年度）的工作開始前，用自己一目了然的方式進行分類，例如以不同的難度、長度、時間或類型為標準，將任務劃分到不同的清單中，讓每一類工作在清單上都有專屬的歸類。同時，要將這個時段必須處理的工作做好標記，設立一個週期內重要事項的「必辦清單」。

在標記這些必須做好的工作時，我建議你順便寫上一個理由：「為什麼我必須做好這項工作？」這樣每次看到標記時，就能深刻意識到它們的重要性。類似的標記會幫助你鼓起勇氣挑戰困難，不會有意的忽視這些工作。

「提醒工具」要方便攜帶

在時間管理和日程提醒方面，我常鼓勵學員使用便於攜帶、易於整理的工具，在電腦上建立一個檔案，而不是將重要事項記在腦子裡。你要用對工具，像是可以隨身攜帶、能夠裝進口袋的筆記本，或是易於更改的手機應用程式。

查看任務應該是件愉快的事，不要讓它為我們帶來痛苦。有位學員反映說：「我記了那些緊急和重要的任務，但每次查看都不方便，很考驗記憶力。」他的日程表和任務清單是分散的，有的放在口袋中，有的擱在臥室床頭，有的則在辦公室裡。此舉不利於分配時間、查看任務，也因此，他經常疏忽一些重要的工作。

你需要掌握一個原則：既可以帶在身上隨時查看，又能及時自動提醒自己。在智慧型手機上設置提醒程式是不錯的方法。

定期檢查清單，以免「必辦」變「未辦」

至於什麼時候應該重擬我們的工作清單？答案是：在定期檢查工作的時候。而我們每隔幾天就要進行一次自我檢查：

- 過去一星期、一個月的計畫完成度如何？
- 在剛過的週期內，有哪些工作還未完成？

根據分析，為自己準備一份新的清單，把前一張清單中必須處理卻沒有做好的事項，寫進新的清單中，並進行重點強調，這樣做有三個好處：

- 重新組織工作，排列出優先順序，把它們列入下階段工作的重點；
- 幫助我們分析這些工作被漏掉的原因，反省自己的排程和時間分配是否合理；
- 加深對這些「必辦事項」的認識，訂出正確的行動計畫，避免再次出現類似的情況。

行動技巧 ❻

揪出時間的賊：「時機成熟了才去做」就來不及了

- ☐ 1. 下載 App 來幫助你管理時間，一顆番茄、兩顆番茄……
- ☐ 2. 拿出思想清單、筆記本，寫下靈感什麼都好
- ☐ 3. 開發自己的「黃金時間」，找到高效工作的節奏
- ☐ 4. 不斷提醒自己「時間有限」和「截止時間」的存在
- ☐ 5. 試試「一小時爆炸計畫」，能夠完成多少事
- ☐ 6. 時時檢討很重要，清單也要更新，不是寫好就放著

方法7

告別畏難

7.1 別拿沒根據的「能力」當藉口

即使年紀已經相當成熟，人生擁有豐富的閱歷，在不了解事情的全貌時便妄下斷論，仍是個嚴重的錯誤。我希望你們記得：無論遇到多大的挫折，內心產生多大的困惑，在還沒弄清楚事情的本質並且採取實際的行動前，都不要對最後的結果輕易做出消極的定論。

擔心這事沒那麼簡單？

有著一頭棕色鬈髮的埃杜今年二十四歲，他在一家廣告公司上班不到兩個月，還處於「危險」的試用期。因為不少同處在試用期的同事都被通知解職，埃杜為此很緊張，生怕自己能力不足面臨同樣的下場。他覺得，搞定任何工作都不簡單，背後一定有什麼門道。在我看來，這是缺乏經驗的典型表現。

一天，埃杜完成主管交代的企畫案後，第一時間就寄信給主管。三分鐘後，主管馬上打電話來，交代他新的任務：「明天就有個諮詢會，你趕緊做一份企畫案出來。」「什麼諮詢會？」埃杜頓時有些傻眼，並對主管說：「時間太趕了，明天上午再交給您如何？」但主管不同意：「今天下午就要給我，馬上去做。」主管就差多說一句：「如果做不出來，就收拾東西走人。」

埃杜為此相當鬱悶，也感到惶恐，因為他什麼準備都沒有，也不了解諮詢會的具體內容，結果就被要求下午要交出一個企畫案。這情形就如同大軍壓境，自己手邊還沒有一支像樣的軍隊。他越想越害怕，對做諮詢會要用的方案還是沒有概念。

當時距離下午五點還有六個小時，埃杜先花一個小時了解這次諮詢會的詳細情況，並查閱了相關資訊，向部門同事索取必要的資料。這時他發現，原來這只是一個比較簡單的諮詢會議：客戶那邊只會來三個人，公司方面只有一位專家和一名助手與會。他評估一下，這種規格的諮詢會，不需要擬定太詳盡的方案，用普通的範本就行了。於是，埃杜只花半小時就寫出方案的初稿，再改一下就能交給主管。可在這時，他的心裡又犯嘀咕：

「事情真的這麼簡單嗎？」

「我會不會想錯了方向？」

「主管怎麼會拿這麼輕鬆的工作考驗我？」

「一定有什麼是我沒想到的吧？」

工作如此順利，反而害他忐忑不安，覺得事情一定不如自己想像容易。在焦慮和糾結中，時間一分一秒的流逝，很快就到了四點半。這時，主管又打電話來：「快點把企畫給我，我現在就要用。」埃杜只好硬著頭皮按了發送鍵，把檔案傳送過去。讓他意想不到的是，五分鐘後他就收到主管的回饋意見，就兩個字：「很好。」埃杜心上的大石終於落下。

埃杜嚇得半死，但結果證明他的擔心是多餘的。很多時候，我們在行動之前，都會有這種「工作不好做」的揣測，讓自己感到不安，因此出於畏懼而推遲行動，甚至拖延起來沒完沒了。但做起來才發現，這遠比想像容易和輕鬆。所以，不管面對什麼類型的工作，必須首先拋棄這種「自我增加困難」的心態。

下不了決心，這樣真的萬無一失嗎？

我在蘇州遇到一位秦女士，她在當地經營一家婦嬰服裝店，除了實體店面，也開設了網路商店。線上和線下結合正符合如今市場主流趨勢。只是面對急遽變化的市場，秦女士容易猶豫不決，有時會瞻前顧後，前怕狼後怕虎，生怕自己的決策出現失誤，帶來損失。

每次需要做新決策時，她總是盼著各方面條件都成熟再行動：「最近實體店的銷售情況不是很好。員工做了些市場調查後，建議我改變店鋪經營的比重，最好關閉實體店，把大部分的出貨都放到網上，只保留線上業務。但我總覺得這麼做的風險很大，因為我對網路銷售不太了解，之前雖然有線上業務，也賣得不錯，但那些業務都是員工在打理，我自己的工作重心都放在實體店面。如今面臨這麼重大的變化，我害怕萬一失敗怎麼辦？」

不管這麼做有多必要，秦女士都表現出一副「還要再觀察一陣子」的態度。一方面，她因為對網路不熟悉而擔心自己能力不足；另一方面，她保守的性格決定了不想貿然行動。她甚至杞人憂天：「如果哪天虛擬購物不流行了怎麼辦？」結果過沒多久，由於維持實體店的成本過高，秦女士的店鋪竟然經營不下去了，而她也為自己的畏懼和保守付出沉重的代價。

在溝通過程中，我發現秦女士有個特點：她喜歡用消極語句來定義自己正在做的事情，像是「萬一」「變故」「風險」「失敗」等關鍵字，常常脫口而出。對於未來，她有強烈的不安全感，總覺得只要採取行動，就可能承受無法預測的損失。整體來說，她對自己的能力沒信心。

想要解決秦女士的這個問題，就要學會站在積極角度定義未來的行動。如果想到風險，就告訴自己「我能應對」；如果想到「萬一」，就告訴自己「我已做好備案」；如果想到失敗，就告訴自己「我有能力解決突如其來的問題」。只要心態夠正面，結果就有最大機會也是正面的。

做出決定後，不要經常反悔或翻盤

那些擔心風險的人，除了對自身能力沒有足夠自信外，還存在顧慮過多、堅持力不足等問題。例如，明明已經做出決定，執行一段時間後，又突然想換成別的方式，推翻已經訂好的計畫。導致他不能長時間貫徹和實施一種既定的想法，結果就是什麼都沒實現。表面上看來，他想追求更好的結果，避免可能的風險，事實上則是嚴重損害了自信心，歷經幾次挫折後，他的決斷力就會大幅下降。

為了防止行動反覆無常，你必須確立一個原則：一旦做出決定，就不要輕易更改。當行動開始後，別再想「這麼做是不是適合，會不會有風險」，要義無反顧的堅持到底。不能長期堅持一個決策的人，在行動中既浮躁，也承受不了短暫的失敗。哪怕遇到一些風險，你也要有足夠的耐心去戰勝它，面對困難，嘗試尋找解決的辦法，再看看如何選擇，而不是立刻就退縮回去從頭開始。

設目標很快，立刻開始難上加難

「成功學之父」拿破崙．希爾在一次演講中說：「不論我們做什麼事情，都必須拚命去做，不要半途而廢，也不要遲遲不敢行動。如果你總是擱置自己的計畫或是半途而廢，倒不如不做來得更好。最重要的是，我們要把所有精力集中到計畫上，展現為自己的實際行動。當你決定是否去做某件事情的時候，要嘛就是一定有去做的價值，要嘛就是沒有去做的價值，不可能有中間答案，也沒有時間讓你觀察。因此，一旦我們決定去『做』之後，就要集中精神，別再胡思亂想，或將心神轉移到其他事情上。」

對多數人而言，設定目標不是件困難的事，不管是孩子或我們這些工作多年的成人，都是信手拈來，可是真的要貫徹到底，就不是件輕鬆事了。「立刻開始」對人們來說，更是一種意志上的艱難挑戰。

我相信很多人都有過這樣的經歷，在設定目標時，熱情洋溢，鬥志高昂，恨不得磨刀霍霍，立刻上陣；一旦訂好目標後，過了幾天甚至幾星期卻仍然沒有行動。當初的遠大計畫被延遲了，原本的信心和野心也已經蕩然無存。

寫下目標，讓它更「具體化」

當我們設定好目標後，為了保證它可以實現，最好的作法不是把它放在腦子裡，而是寫在紙上，或列印出來，掛在一個隨時看得到的地方，每天提醒自己。目標寫下來之後，還要讓它「具體化」，即：

- 要寫清「自己想做什麼」；
- 要寫明「自己有什麼本錢能做到」；
- 要寫好「自己應該怎麼做」。

這三個步驟我已經在本書中多次強調，它是一切從「想到」到「做到」的前提，是想法轉化為行動的基礎。但遺憾的是，大多數人連這麼簡單的步驟都不去做。大部分的情形是，他們有了一個想法，也在腦海中擬定了一份初步計畫，然後很快就忘了，僅此而已。

立即動起來，而不是「等一等」

當我們將目標寫下來並且「具體化」和「形象化」之後，下一個關鍵步驟，就是立即動起來，一分一秒都不要等，馬上按計畫行事。讓想法轉換為行動，這是最重要的一步。你要朝著實現目標的方向立即邁出第一步，千萬不要拖延。這時候如果你告訴自己：「等一天再說。」結果很可能等了十天甚至幾個月，卻什麼都沒做。如果你現在立刻開始行動，也許不用一天就完成了計畫的大部分。

當計畫塵埃落定後，就別再對環境和條件不滿，不要多想現實和未來，放棄任何多餘的想法，因為思考過多總是會麻痺你的大腦，讓你站在原地停留更長時間。大多數人之所以距離他們的目標越來越遠，並不是缺乏實力，而是缺少一個正確和果斷的決定：到底是馬上行動，還是一直觀望下去？

現在請你闔上書，想想自己「遲遲不行動」的動機是什麼？是機會不好，還是對自己的能力缺乏信心，或是覺得時機還不成熟？在我們收集到的上千份案例中，有超過六〇％的人到最後都認為，並不是客觀因素讓他延遲，而是自己沒有下定決心。

對大部分人來說，「下定決心」就是要做一個正確的決定。你要對自己說：「我已做好準備，我將展開行動，追求目標。」當建立這種毫不遲疑的行事風格後，能力問題就不再成為我們延緩行動的理由。我們可以在行動中解決任何問題，並且對此建立強大的自信。

老是後悔，如果當初那樣就好了？

有多少人搞砸了事情，後悔莫及？

韓國ＳＫ電訊公司的崔小姐到中國出差時來找我，她好像有一肚子怨氣，每天從早到晚，臉上都帶著不甘心、不開心等消極情緒。

她說：「你不要認為我是一個沒有追求的人（她生怕別人這麼看她）。事實上，這些年我訂下許多美好的計畫，但是輸多贏少。我有個毛病，就是沒有主見，雖然潛意識覺得那個計畫不錯，最後卻不會採納，而是選擇大家都認可的方案，算是有點盲從。等事情進行不盡如人意時，我又會沉溺在這種後悔的情緒中，很長時間走不出來。」

崔小姐不久前剛剛步入婚姻。她早在二十歲時就開始想要舉辦一場浪漫的婚禮，因此，她做了無數設計，心中也有許多婚禮版本，她和未婚夫商量後，最後選擇一種既經濟實惠又有浪漫情調的方式。

但是，在舉行婚禮前一個月，崔小姐突然覺得閨密們的臨時提議更好，於是她堅持更改計畫，把原定在教堂舉辦的婚禮改到海邊舉辦。然而，出人意料的是，婚禮當天突然下起暴雨，毫無準備的一對新人和賓客都被淋成落湯雞，十分狼狽。

崔小姐的好心情頓時消失得無影無蹤，她夢想中的浪漫婚禮化為泡影，她完全不能接受這樣的結果。婚禮過後幾個月，崔小姐都還走不出這次事件造成的陰影，她每天都在後悔：「要是當初不改變計畫就好了！」

丈夫苦笑著安慰她：「親愛的，這是你婚後對我說最多的一句話。但是你知道嗎，我對這件事一點都不在意，不管是好是壞，所有過程都是一種幸福的回憶，沒必要再念念不忘。」

抱怨是對未來沒有信心的表現

崔小姐因為自己過去的決策失誤而抱怨，甚至抱怨成了她的常態。表面上她是因為自己做了錯誤決定而後悔，實際上也是對未來缺乏信心的表現。沒有勇氣面對未來的人，才會沉浸於昨天的失敗中。挫敗感總是刻印在他們未來的生活中，帶給他們心靈很大的傷害，使得他們不敢面對未來。

在行動的路上，既然已經做了，不管遇到多大的挫折或失敗，一定要保持良好的心態：過去的已成歷史，重要的是吸取教訓、面對明天。因此，千萬不要抱怨。抱怨不會帶來任何有益的幫助，也解決不了任何實質問題，反而會成為我們前進的絆腳石。成功從來都不屬於那些喜歡抱怨和尋求別人同情的人，成功也不會照顧那些原地踏步、到處尋找「後悔藥」的人。只有用實際行動一步一步往前走，用昨天的教訓為明天打下堅實的基礎，我們才有機會實現心中的想法。

我對崔小姐說：「問你一個問題，不斷後悔的習慣是否為生活帶來積極改變？或者說，每次後悔的經驗是否有助於你後來處理相同的事情？」這是一個關鍵問題。假如後悔是奏效的，全球各角落可能早就充滿嘆氣聲，華爾街一定是哭喊聲分貝最高的地方，每所大學也都會開設專門教授「後悔學」的課程。但是這一切都沒有發生。

因此，崔小姐的回答也在我意料之中：「除了情緒越來越糟，我沒發現有任何好處。如果無法走出這個陰影，我對生活、工作、友情等都會越來越浮躁，也越來越敏感，因為我總是害怕自己做的決定是錯的。這讓我變得疑神疑鬼，在行動時更加拖延。拖延的目的不是思考更好的計畫，而是害怕行動後的結果會讓我再次後悔不已。」

陷入這種狀態的人對生活總是充滿抱怨和不滿，他們的內心有強烈的完美主義情結，他們的行為又有嚴重的選擇障礙，但現實的種種不如意又讓他們焦頭爛額、心浮氣躁。也正是這種糟糕的負面情緒，加重了事態的惡化程度，讓他們從生活中獲得的越來越少。

抱怨和後悔不能解決任何問題。有句話說：「我們與其詛咒黑暗，不如趕緊點亮蠟燭。」除了讓事情變得更壞，抱怨沒有任何好處；除了讓你對過去捶胸跌腳，後悔也不會帶來任何正面好處。所以，從讀到此處開始，立即且永遠扔掉內心抱怨的衝動情緒，讓它徹底從自己的大腦中拔除、消失。

如果再多給我點時間……真的會更好？

每個人都有一套「自我安慰」系統，它是怎麼發揮作用的呢？當一件事情沒做好時，你的大腦中是否第一時間出現了這句話，「如果再多給我一點時間，我一定……」用「時間不足」

等理由自我安慰，把該承擔的責任從自己的大腦中拿掉？

我在辦公室和課堂上聽到無數人以同樣語氣強調這句話，他們很少反思，為何沒有好好利用有限的時間，而是為自己的拖延尋找不容置疑的理由。

我的一名員工、設計部的劉先生與他的主管吵架時，每次都會重複這個藉口。從技術角度來看，負責公司新媒體平台創意設計工作的劉先生，是個很有才華的人，具有很強的發散性思考；但從效率角度上看，他拖沓的工作風格，讓設計部主管相當惱火，「這個人的能力很強，每次寫出的提案都是全部門最有創意的，也有一定的市場效果，但他的問題就是拖延症越來越嚴重。」

終於，劉先生的錯誤在一次嚴重的拖延行為中被放大，他在最後期限前僅完成一半工作。當主管再次催促時，他故技重施，兩人大吵一架。這起事件最後以劉先生離職收尾，因為我們公司不能容忍此類行為頻繁發生。如果其他同事在同樣期間內能夠勝任同樣的任務，而他卻總認為時間不夠用，說明他管理時間的能力不足。

我們會發現有些人就是這樣，他們在行動前存在著各種拖延的現象，等到事情沒做好，又很不服氣，死不認錯，用「如果……」的話，想為自己扳回一城。事實上，如果你不趕緊扔掉這種思考模式，便很難建立真正的行動思考，也很難提升自己的行動效能。

如果我們想讓自己更有意志力，就必須遵守既有的時間計畫，努力在既定的時間範圍內做好工作，完成任務。現有的時間才是「黃金時間」，也是最寶貴的時間。

想像一下，每次都抱怨時間不夠用的結果是什麼？是你在做所有事情時都過度超支了有限的時間資源，進而影響到自己安排整個生活和工作的時間。在人們眼中，你將變成一個做任何事都拖拖拉拉的人，也是個不靠譜的合作夥伴。

因此，你要從現在開始堅定的確立一種認知：時間是比任務更寶貴的資源。一個不尊重時間的人，他的能力也將無法完全發揮。一個總拿「時間不夠用」當藉口的人，不論有多少偉大的計畫，都很難變成現實。從今往後，你要停止這樣的埋怨，把所有精力投入對「現有時間」的開發和利用上。

事事「完美主義」，卻忘了「理想的結果」

當你對環境放棄「完美主義」的幻想時，那些「理想的結果」就煙消雲散了。不要為此著急，因為這不是一件壞事。就像我在課堂上常講的：「理想的結果永遠不會變成現實，它只存在於我們的計畫中。如果你試圖追求理想的結果，你會發現身邊的環境永遠不完美，永遠令你不滿意，而你的時間也永遠不夠用。帶著這種不滿足的缺憾，你的一生都將一事無成。」

- 對環境：我們只需要提出四十分的要求。
當環境滿足了開始行動的基本條件時，我們就不能有任何抱怨的理由。即使環境永遠只有四十分，我們也要盡可能開發它有利的因素，適應那些嚴苛、難以預測的條件。
- 對結果：我們只需要訂出八十分的追求。

無論時間有多急迫或多寬裕，能實現目標的八〇％就已經是非常好的結果。而且以我們多年的研究來看，即便實現了八〇％的目標，對多數人來說也是一種極為難能可貴的成就。

7.2 認清困難本質，換個角度不一樣

遇到困難時，你的第一個想法是什麼？是縮回腦袋躲在家中什麼都不做，還是像好萊塢明星席維斯．史特龍一樣坦然面對，並且繼續努力？

二十二歲那年，史特龍從歐洲到了美國，所有家當只有一輛破舊的汽車和美金一百元。於是，他一邊啃著麵包，一邊開著破車到處找工作。

「我接下來要做什麼？」這是史特龍想到的第一個問題。最後，有戲劇基礎的他決定，要從事演員和編劇工作，這也是他從小到大的夢想。下定決心後，他主動到每一家影視公司找機

會，當面自我介紹，也寫信或投遞履歷，告訴那些導演自己有一部富有創意的劇本，而且自己將成為這部劇的主角。

但是，史特龍的外表並非「英俊帥氣的小生」，也不符合當時電影市場的環境和人們的審美要求，所以他不斷遭到拒絕。據他自己說，被拒絕的次數高達一千多次。

困難，是自己心裡製造的「敵人」

想像一下，誰能承受得了被拒絕一千多次？對現在的大部分人而言，這樣的次數恐怕都是一個很難接受的挫折，也是很難戰勝的困難。我曾經見過被拒絕一次就感覺沒面子而甩門出去的人，他們不願也無法接受被拒絕。但史特龍對自己很有信心，也相當正面思考，他從沒想過要放棄，而是不斷鼓勵自己：

「我相信這個世界充滿仁慈，它不會讓挫折一直陪伴一個人。我相信失敗只不過是暫時讓自己停止成功，而我早晚能遇到機會！」

在強大意志力的驅使下，史特龍堅持不懈的向各影視公司介紹自己的劇本，終於遇到一位看好他的導演。這名導演準備買下他的劇本，並讓他演出其中一個角色，而非主角，理由是：「如果我讓你當主角，電影票房肯定會慘不忍睹。」

但史特龍的回答卻是：「如果要用我的劇本，就一定要讓我當主角，否則我不會賣劇本給你。」

導演考慮再三，最終妥協放手一搏，讓史特龍嘗試看看。沒想到，史特龍真的因為這部電影一鳴驚人，獲得第四十九屆奧斯卡金像獎和第三十四屆美國金球獎最佳男主角以及最佳編劇獎提名，躋身美國一流演員行列。而這部電影，就是轟動影壇的《洛基》。

史特龍沒有因為困難而退縮，他認為一切困難都是暫時的，是對自己的鍛鍊，是上帝的恩賜。同樣的，困難也沒有讓音樂大師貝多芬倒下。

眾所周知，貝多芬在耳朵失聰了以後，仍寫出一系列震古鑠今的不朽音樂名作，把內心的音符化為一曲曲經典的音樂。每當讀到貝多芬的故事，我都會問自己：「假如我的耳朵聾了，我還會從事現在的工作嗎？我還有勇氣拋頭露臉、向人們介紹我的夢想嗎？」只有在自問同樣的問題時，我們才能真正意識到貝多芬的偉大。

在弱者眼中，哪怕一丁點的挫折都意味著夢想的結束與行動的失敗，一點點的風吹草動就足以讓他們流淚；但在強者看來，卻是對成功者的考驗，是上帝擺在他們面前的挑戰。弱者把困難當成是環境給予自己的阻礙；強者卻將困難視為自己內心製造的敵人，積極的面對，然後解決這些大大小小的問題，用永不停止的行動改變命運。

用挫折逼出自己的潛能

日本松下電器的經銷商遍布全球，專賣店更是在各個城市的街頭林立。但即使是松下品牌名氣最大的那幾年，也不是每家經銷商都能始終保持獲利。電器銷售與經濟形勢有連動性，經濟不好時，人們的購買力下降，銷售電器就會相對困難。

有一年，日本國內的經濟實在太不景氣，許多經銷商都面臨虧損。有位經銷商不堪虧損，他想了很多辦法，都無法讓生意擺脫低谷，一度想關掉店面，另尋他途。無奈之下的他，便前往松下集團向總裁松下幸之助請教，希望從他那裡得到一些指點。

見到「經營之神」松下幸之助後，這位經銷商將自己的情況和經營模式詳細講了一遍，便開始坐在那裡咳聲嘆氣。松下幸之助並沒有直接給他答案，而是反問：「現在的市場很蕭條，大家的生意普遍不好，當然不是你的責任。但我想問的是，是不是所有經銷商都虧損呢？」

「當然不是，還是有些店面獲利。」這位經銷商搖搖頭說。他承認的確有人做得比自己要好，這正是他沮喪的原因。

「這就對了。」松下幸之助不疾不徐的說：「市場不景氣，生意慘澹，這是無法改變的現實，可是你只忙著發愁，而不是及時採取行動去解決問題，這只能說明你已經被眼下的挫折打倒了。你沒有把挫折轉化為挑戰，沒有利用挫折激發自己的潛能，創造性的去解決問題。先生，你可以去了解一下每位生意人的成功秘訣，那些在不景氣中賺到錢的人，無一不是勇敢接受各種考驗、絞盡腦汁克服現況，才獲得成功。這難道不正是我們生意人應該做的嗎？現在，你向我請教改善生意的方法，我只能對你說聲『抱歉』，因為我無法提供什麼靈丹妙藥。我唯一能做的，就是希望你面對現實，把當下的困難當作一次考驗，傾盡全力去嘗試解決。我相信你會從中發現一條道路，而路的盡頭一定是好的結果。」

松下幸之助的話發揮了作用，讓這位經銷商的內心感到無比震撼。回到店裡，他開始反思自己的態度，接著召集全體員工開會，說明自己向松下幸之助請益的過程。他希望所有人能團結起來，一起理解松下幸之助這一席鼓勵的話，努力想辦法解決困難。

全體店員也都振作起精神，集思廣益，商討對策。經過幾次閉門會議之後，經銷商與員工一起想出了辦法：想突破困境，唯有創新！他們重新布置店面，訂出新的服務措施，推出送貨上門和免費上門維修等服務。這些服務在當時可是一項創舉。而在半年以後，這家電器經營店不但轉虧為盈，而且生意越來越好，變得門庭若市，成為當地銷售最好的電器經銷店。

當有人問這位經銷商是如何擺脫困境的？他的回答是：「我要感謝松下先生，同時感謝之前的挫折。這是上帝給我的考驗，我沒有逃避，在通過考驗的同時，我獲得了一生受用的無盡財富！」

挫折能考驗我們的意志力。即使是全世界最優秀的人，他的人生也難免遭遇重大挫折，沒有人可以一帆風順走到終點，順利實現目標。有時候，突如其來的困難會讓你難以承受，以至於讓你毫無預警的跌入絕境。但是，越是在這種時候，成功者就越能夠化困難為挑戰，激發出自己的潛能。

就像史特龍一樣，他始終相信自己的能力，儘管被拒絕了上千次，仍然堅定的認為自己可以當一名主角。結果也證明，他在困境中找到了機遇，證明自身價值，成為美國電影史上最偉大的演員之一。

換個角度、換種心情來面對

成功者給你的最大啟示，就是任何時候都不要逃避困難。逃避是最簡單的行為，也是對自己最不負責任之舉。對失敗者而言，挫折看起來好像不能把他怎麼樣，實際上是以一種向它投降的方式結束了自己的理想。一味的逃避只會加速失敗，並讓勝負變得沒有懸念。成功者從來不會背對困難，他們總是能夠正視面前的挫折，挑戰那些最難纏的問題，然後在這個過程中鍛鍊自己。

面對挫折時，如果你逃避了，它會在未來重複用同一個問題來打倒自己；如果你能堅守陣地並且戰勝它，它就會在你的生命中永久消失。堅持不懈，方能反敗為勝。

這幾年，我在生活和工作中都是著名的「好心情先生」，這是我的辦公室助理蘇小姐為我取的綽號，因為每次遇到問題時，我的心情就會越好，至少表面看起來是這樣。我討厭發火，甚至不希望自己的臉上有烏雲密布的表情，我希望不管發生什麼事，自己都可以鎮定對待，用樂觀的心態化解問題。

有一次，部屬搞砸了一樁生意，他第一次與客戶見面就用一個嚴苛的條件嚇跑對方，而這個條件是事後我知道了都無法接受的。當然這位部屬是因為立功心切，故意提出價格如此相當高昂的合作條件，而客戶沒給他討價還價的機會就拂袖而去，並隨即發郵件向我投訴。

這是一次嚴重的「失誤」，部屬回來向我彙報時，臉色青白，眼神中充滿絕望。他可能覺得自己一定會被痛罵一頓，準備去財務部門結算薪資走人。

但我只是笑了笑：「這沒什麼，我給你一項新任務，回到辦公室，花半小時檢討一下這次談判的教訓，看能不能有什麼新想法？如果有了新想法，記得告訴我！」

公司少了一位極為重要的客戶，損失一大筆錢，這顯然是很大的問題，換成一般老闆早就大發雷霆，或者為此感到憂慮。我不但沒這麼做，反而用輕鬆的心情處理這件事。因為我知道，所有的「困難」和「問題」都不是外在的，而是我們內心所產生的；你認為它是困難，它一定會變成難纏的問題；你認為不是困難，那麼它就可能迅速轉化為可利用的機會。

我們每天都在說「向成功者學習」，學習他們的實幹能力。那麼，究竟怎麼學？一個重要的原則就是始終抱持樂觀的態度，用積極的心態看待各種困難。因為說到底，當困難發生時，它代表的是問題還是轉機，是由你的心態決定。

7.3 離開舒適圈，維持現狀不會更好

現實生活中，幾乎每個人都想過著舒適的生活，在某種情況下會懶得動彈，最想做的事情就是維持現狀，哪怕之後天搖地動，也要保持當前的舒適狀態。

西雅圖的胡安喬德．雷古勒斯曾因為厭惡工作，而找我為他「治療」。他有十七個月的「失業史」，但他不是找不到工作，而是不想工作。為此，他的內心充滿罪惡感，在讀到我的文章後，他發現消除這種「罪惡感」最有效的方法，就是走出房間，而不是繼續製造舒適和快樂麻醉自己。這是一項艱巨的任務，而雷古勒斯要戰勝的習慣相當普遍，就是人們內心對安逸和舒適生活的追求。

他說：「我為了說服自己繼續拖延，腦海中會有各種不同聲音，甚至出現消極的想法。像是每當我腦中有個想法督促我去三十公里外的商業區面試時，就會有另一個聲音馬上提醒我：這個季節如此酷熱，看看外面的天氣，太陽就像在噴火燒烤著路面，你不覺得待在冷氣室裡才是應該做的事嗎？哦，好吧！我重新癱坐在沙發上，拿起遙控器打開電視，飲料就在伸手可及

的地方。我說服自己花光積蓄再出去工作，並把注意力放到搜尋好看的電視劇上。我每天在這上面至少花八個小時，簡直要懶死在家裡。」

幸虧雷古勒斯沒有女朋友，他沒有為沉溺於如此舒適的生活而付出更慘痛的代價。但他現在想做點改變。他的問題不在於內心的「罪惡感」，而是對於探索未知的恐懼，因為他不想讓自己難堪，特別是「被人拒絕」，這種事情會打破他強烈守護的舒適感。

不快樂、罪惡感，讓人跨不出第一步

我在寫給他的郵件中說：「如果這種逃避工作的習慣讓你感到不快樂，你就不應該在內心不斷譴責。因為加重罪惡感會產生副作用，那就是強化衝動心理，強化拖延症。」

這是很正常的現象。冬天的早晨，我們越討厭賴床，就會越晚起床；在辦公室，我們每個人都抗拒冗長的會議，但會議時間往往會不斷被延長。「罪惡感」和「舒適感」相伴相生，同時也會讓我們遠離舒適生活的動力更小。

所以，在我的建議下，雷古勒斯開始這麼想問題：「天氣確實很熱，我多休息幾天也是一件好事。」不可思議的是，當他肯定這一想法而不是在內心「討伐」時，第二天清晨他便不由自主的起床，早上七點就穿戴整齊，八點鐘就趕到西雅圖最大的商業區準備面試，他終於邁出第一步，開始找工作了。

動力不足，行動更難持久

為了走出舒適的房子，雷古勒斯需要幾個強硬的理由，畢竟他不是要戒掉半躺在沙發上吃零食或看電視的習慣，這可不算是什麼有說服力的目標，而是他要在外面的世界中「寫下點什麼」，或者說這個世界需要你「展示什麼」。

我問他，「是你如何享受居家男人的安逸生活？還是躲避辛苦工作的懶人經驗？顯然都不是。看看過去幾年，你想做卻一直沒有付諸實施的計畫，不論是旅遊、事業、友情等能證明你價值的事情，找出一個可以立刻啟動的任務。」這些被耽擱的計畫壓在箱子底下都已經發霉了，為何不把它們找出來呢？

曾在某科技公司工作過、身為有豐富經驗的前資訊部主管，雷古勒斯要徹底戰勝「維持現狀」的懶惰心態，就要鼓勵自己繼續挑戰生活和事業上的高難度目標。於是，就在二〇一五年六月，他離開自己獨居二十多坪的公寓，轉行去做軟體生意。他用更高的事業目標激勵自己，建立了高效的行動模式。他現在感覺很好，因為能夠一邊賺錢，一邊創造新的「舒適感」，更享受挑戰帶來的成就感。

7.4 用對比法看別人怎麼解決困難

二〇一五年上映的美國電影《神鬼獵人》，內容講述一名皮草獵人在嚴酷的寒冬荒野生存下來並且成功復仇的故事。該片的主角李奧納多．狄卡皮歐也因此獲得生平第一座奧斯卡金像獎最佳男主角獎。

在電影中，李奧納多扮演的休．格拉斯是十九世紀一名技術高明、經驗豐富的皮草獵人。在一次遠離人煙的冰原上打獵時，他被一頭熊攻擊身負重傷，皮開肉綻，身體多處骨折。不僅如此，一名自私的隊友還殺害了他可憐的私生子，並把他拋棄在荒野中等死。冰天雪地，沒有食物，所有人都認為他死定了，包括那名兇手，但格拉斯頑強的活了下來，憑藉堅強的毅力和高超的求生技巧，他在蠻荒之地穿行了數個月，終於回到狩獵隊的大本營，並成功復仇。

身受重傷，又獨自一人在冰原之上，野獸環伺，還有比這更惡劣的環境和更大的困難嗎？這可能是百萬分之一的生存機率。

在培訓課中講述這個故事時，我說：「當每個人都認為你一定會輸掉這場比賽時，你要做的是等死，還是奮力一搏？」遇到困難時，不要先想著抱怨和絕望的哀號，這只會讓你「死」得更快，而是看看面對同樣的困境，別人是怎麼解決的。要學習那些成功者身上的優秀特質，幫助自己建立勇於挑戰的習慣。

你怎麼面對困境？

中國登山家夏伯渝，二〇一六年時已經六十六歲，即使雙腿殘疾，但他成功登上「世界第一高峰」珠穆朗瑪峰。

二十三歲之前，夏伯渝是名四肢健全的運動健將，也是一位登山愛好者。對未來的人生充滿各種美好的想像。但同年，他攀登到珠穆朗瑪峰八千六百公尺處時，遇上一場暴風雪，為了保護隊友，他的雙腿被凍壞了，從此變成一位「無腿勇士」。

普通人面對這樣的困境，恐怕早就遠離登山事業，每天躲在家中「享受」被人照顧的生活，可是夏伯渝沒有向現實屈服，他的夢想是有朝一日靠自己的力量再次登上珠穆朗瑪峰。雖然沒有了雙腿，但他仍然不放棄夢想。「人只能活一輩子，哪怕沒有腿，我也要實現自己的夢想。」在他看來，只要自己有夢想，敢於挑戰困難，就沒有什麼事情做不成。最終，他成功戰勝了沒有雙腿帶來的困難，站在珠穆朗瑪峰的頂端。

從這兩個故事中，我們可以看到成功者面對困境時所展現出的相同特質：

第一、他們始終用樂觀積極的態度對待困難，無論自己遇到多大的麻煩（哪怕是生命危

險）；

第二、當困難發生時啟動頭腦，冷靜的想辦法解決，並且不改初心（不會因為遇到困難就放棄既定目標）；

第三、他們在平時就養成一種好習慣，遇到問題時不是習慣性的逃避，而是習慣性的勇於挑戰（他們從不畏懼困難）。

你有解決困難的決心嗎？

二〇一五年三月，底特律的一個年輕人哈尼克遭遇人生中最大的一次危機。他如此定義問題的嚴重性，因為就在全家都需要靠他的薪水養活時，他失業了。他被一家資訊開發公司解雇，理由是在工作出了小差錯，但真正原因是經濟情勢不好，公司正在裁員，而他不幸成為其中的一個倒楣鬼。

這意味著哈尼克失去每月美金七千元的薪水和數目不少的獎金，全家頓時陷入困境。近年來，底特律的就業市場就像被一層厚厚的冰霜覆蓋，如同電影《明天過後》中的情景，沒有人敢保證自己失業後可以在一年內找到新工作。因此，哈尼克感覺天塌了：「房子肯定會被銀行收回，我和妻子、女兒可能要流浪街頭。」他受不了這樣的壓力，開始自暴自棄。

後來，一次偶然的機會，哈尼克拿到史密斯的聯繫方式，他打電話來希望求職。這是我們培訓部門第一次接到求職、而不是諮詢的電話。他「病急亂投醫」，抱著碰運氣的想法詢問我們能否給他一個機會。

史密斯聽完他的情況後，問了他三個問題：

「第一、失業至今你向多少公司投了求職履歷？」

「第二、如果有一份工作要你一個人在洛杉磯待二十四個月，一天都不能休假，你能接受嗎？」

「第三、假如我們的職位競爭激烈，只有三百分之一的錄取機會，你是否願意為了這個機會去接受為期三個月的培訓再來面試？」

這是非常有針對性的三個問題。第一個問題是在考驗哈尼克解決困難的主動性，看他能否快速行動；第二個則是想看看哈尼克能否耐得住連續工作二十四個月的寂寞；第三是看哈尼克為了一個改變命運的機會願意付出多大的代價，以此來判斷他的決心和意志力。

遺憾的是，哈尼克的回答讓我們感到失望。他在失業後的兩個月內，僅在底特律當地投過兩次履歷，幾乎所有時間都「宅」在家裡等機會上門；至於後兩個問題，他的回答都是「No」，他不願意承擔這麼長時間的「無假期工作」，哪怕我們只是問問；他也不想為了三百分之一的機會去「充電」三個月，儘管充電學習總是有好處。

因此，史密斯立刻拒絕他的請求。與成功者比起來，「哈尼克們」解決問題的能力以及主動性都太弱了。在哈尼克身上，我們看到一種壞習氣：好像生活中所有的問題都與他無關，他渴望環境的改變，或別人把機會送上門，而他已經習慣了守株待兔。

在我們的身邊到處都有「哈尼克」，他們確實遇到了困難，陷入人生困境或事業低谷，就像被丟棄在荒野上自生自滅的格拉斯。但是，他們對於戰勝危機缺乏信心，也沒有強烈的挑戰困難、走出險境的動力。所以，即使有人願意幫助他們解燃眉之急，未來的某一天，他們仍會重新陷入困境。

在和成功者對比時，我們首先必須看清楚的就是，那些成功人士之所以擁有傲人的成績，在困境中展現驚人的意志力，正是他們在平時養成積極面對困難的好習慣。我們要從對比中看到差距，同時知道自己要向他們學習什麼。

7.5 每次解決一個問題，就獎勵自己

德國人力資源開發專家斯普林格在自己的著作《激勵的神話》中寫道：「強烈的自我激勵是成功的先決條件。」也就是說，高度的自我激勵精神是一個人不斷實現理想、把計畫變為現實、走向成功的必要前提。

哈佛大學的心理學教授威廉．詹姆斯也在研究中發現，一個沒有受過激勵的人，他的潛力只能發揮出二〇％至三〇％；但當他受到激勵後，可以立刻發揮至少八〇％的潛力，甚至可以表現超水準。意即一個人經過充分的激勵後，他發揮出來的才能是激勵之前的三至四倍，顯見激勵的重要性。

有位名叫坎貝爾的女士在二十多年前實現一項壯舉：她徒步穿越非洲大陸，穿過叢林和沙漠，還有四百平方公里寬廣的土地。沒人能想像一個弱女子是如何完成這個目標。有人問坎貝爾是怎麼做到的，她回答：「因為我說過『我能』！」她用一種最簡單的自我激勵方式督促自己做到。

用自我獎勵激發自身的潛能

這種強大的自我激勵究竟是什麼？就像我們在上幼稚園時老師給的口頭、獎品鼓勵，或在學校時收到的模範生鼓勵。雖然形式不同，但作用相同。小時候，我們夢寐以求想得到這些獎勵，因為它代表著優秀、成績和老師的認可。同樣，我們也可以把這種獎勵方式運用到生活和工作中，來提升行動的能力。例如，完成一項小任務，獎勵自己一頓美食、一場想看的電影；完成一項大任務，獎勵自己一次旅行、一個假期。

通用汽車公司前執行長羅傑・史密斯，一九四九年時才二十四歲，應聘到通用擔任會計工作。羅傑・史密斯之所以想到通用找一份長期工作，是因為他父親對這家公司的評價極高。

面試時，羅傑・史密斯彷彿刻在臉上的超強自信，留給面試官深刻印象。但是，當時通用公司只有一個會計的缺額，面試官告訴他：「年輕人，競爭這個職位的人非常多，而且對於一個新手來說，你可能很難立即勝任這個工作，所以你的機會不大。」

許多年輕人一聽到這樣的勸告可能就知難而退，甚至以為面試官在隱晦的表示「你並沒有被錄用」。不過，非常善於自我激勵的羅傑・史密斯並不認為這是一種困難，相反的，他覺得自己完全可以勝任這個工作。

羅傑・史密斯大膽的對面試官說：「我不僅能做好這個工作，還希望成為通用汽車公司董事長！」最終，他被錄用了。到了一九八一年，他果然實現了當初的夢想，成為通用公司的掌舵人。

羅傑・史密斯除了用目標進行自我激勵外，還喜歡為自己設定階段性的獎勵，像是每完成一個目標，就給自己一個禮物或假期。在一次聚會中，他對合作夥伴說：「每當我想到實現這些目標能夠帶給我的好處時，就更能激發自己所有潛能去做好這件事。」

做情緒的主人，遇上挫折也不怕

在挑戰有難度的目標時，隨時會冒出來的問題和挫折總會時不時的打擊著我們，隨之在一段時期內變得消極和沮喪，情緒陷入谷底。消極情緒就如同過境的漫山遍野的蝗蟲，會瞬間擊潰你的信心，剝奪你的理智，讓你失去方向感。消極情緒的破壞力非常大，如果不加以控制和引導，不僅會影響我們完成計畫、實現目標，甚至會導致精神抑鬱、行為失常，做出讓自己後悔的事情。

例如，你投入很大的精神、花了幾個月去執行一個專案，萬事俱備，只欠東風。突然你收到公司通知，這個專案可能取消，要你做好心理準備。此時，你可能會產生無盡的挫折感：「我這幾個月白忙了？公司是什麼意思，是對我不滿嗎？」它很可能讓你從此不思進取，對公司失去忠誠，對工作喪失信心，還可能放縱自己，出現暴飲暴食等失控的情況。

為了克服這些消極情緒，我建議擬定一份「情緒獎勵計畫」，每當自己能夠以樂觀態度對待挫折，並且成功解決時，便視問題的大小給予自己一定的獎勵，鼓勵自己正面思考並且解決這些麻煩。

像在上述的例子中，進行中的專案被公司冷凍了，該怎麼辦？先不要自暴自棄或過早放棄，這是最蠢的選擇，而是要盡自己最大努力與公司積極溝通，用專案的前景說服決策者。只要你盡力而為，做到了這些，就在之後獎勵自己七天假期，到自己想去的任何地方享受自然風光，或者購買早就心儀已久的數位產品送自己等。

透過這種有規律的、不間斷的獎勵，避免我們的情緒大起大落，讓自己始終保持一種積極向上的心理狀態。這樣一來，我們就能成為情緒的主人，即使遇到再大的挫折，也能迅速重新振作起來，去高效的解決問題，而不是從此一蹶不振。

「剛剛好」的獎勵，逐步提升信心

在進行自我獎勵時，有個必須遵守的標準是：無論是目標還是獎勵，都應該循序漸進，不能超出自身能力所能承受的範圍，也不能一次給予自己過大的滿足，必須留有餘地，讓自己保持長久的動力，獲取持續的成功。這就像摘蘋果，我們要摘能摘得到的蘋果，同時要控制自己，做到適可而止。

此外，我們還應該遵守以下幾個原則：

第一、獎勵應該是能夠激勵自己的事物。

如果獎勵是你不感興趣的，那就失去了激勵的意義。例如，本月業績超標，你應該獎勵自己一台手機（這可能是你需要的），而不是一張迪士尼樂園的門票（或許你沒有這個需求）。

要把那些你渴望獲得的東西寫進獎勵計畫，平均分配到每個週期的獎勵中，帶動自己完成一個又一個目標。

第二、獎勵應該及時兌現，不能延期。

在執行的過程中，切忌對自己開空頭支票。因為任何東西只要延期兌現，都會在潛意識中引起失望的心理，使得自我獎勵變得毫無激勵作用。也就是說，你預先許諾給自己的獎勵，應該是你可以兌現的，而不是沒有把握的。

有位學員曾在自我激勵計畫中寫下「購買一輛福特汽車」的獎勵，只要當年業績突破美金三十萬元，就送自己一輛福特汽車。可是到了年底，他發現公司發的業績獎金只有美金三十萬元的五十分之一，只買得起兩個汽車輪子。這等於是一張空頭支票，他只能延期兌付。

第三、永遠不要預支獎勵，否則獎勵便失去了價值。

獎勵應該在工作完成後即時兌現，就像鬧鐘一樣，它總是準時的到點提醒你，永遠不會提前響起。獎勵既不能延期，也不可以預支。即使確信自己會如期實現目標，完成計畫，也請不要預支獎勵，否則會讓我們的潛意識認為這是一個「可加利用」的漏洞。一旦預支過一次，下次你的本能還會如法炮製，這就會使獎勵變得一文不值。

第四、激勵和獎勵都層層加碼，這會讓你覺得很累。

再次強調：不要為自己制定過高的目標！目標再誘人，獎勵再大，無法完成也是毫無意義。

這就像有個工人每天的最高工作量可能只有一百件產品，但是他訂下每天完成兩百件的目標就顯得不切實際，會導致對自己承諾再高的獎勵，也無法如願。這既不現實，也會使自己陷入一種疲於奔命的狀態，無法激發自己的積極態度。

行動技巧 ❼

告別畏難：無論狀況如何都要推動自己走下去

- ☐ 1. 拿出信心！不要老是自我安慰、不斷後悔
- ☐ 2. 跟作者一樣，當個「好心情先生 / 小姐」
- ☐ 3. 不要內疚、怪自己懶，想想那些證明自己價值的計畫
- ☐ 4. 多看看成功者的故事，找到面對困難的勇氣
- ☐ 5. 用小小的獎勵，稱讚自己「好棒棒」

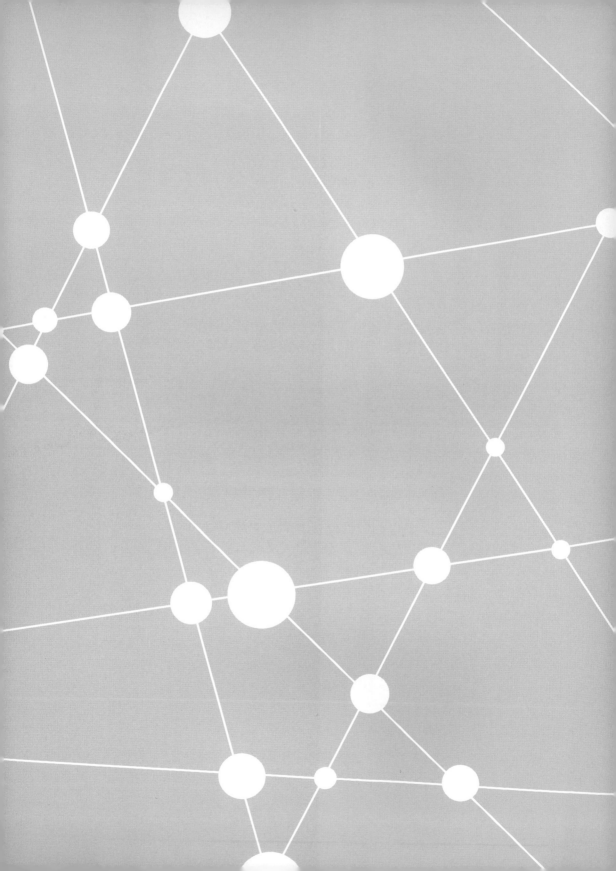

PART 3

實踐篇：

只需四步驟，
從「想到」到「做到」

別再想了，快點跟著動起來

步驟① 一份可立刻展開的行動方案

我們每天都在設定不同的目標，這可能是世界上最簡單的事情。但是，設定目標後，必須付諸行動去實現，這才是最難的事情。沒有行動，或者不具備可行性，你所制定的目標就變得毫無意義。

所以，設定目標後，我們最需要做的，就是對此設計一份可行的方案，而且不能有一絲一毫的猶豫，要立刻堅決的投入行動。當你手持一份可以馬上開始行動的方案時，任何觀望、徘徊或畏縮都會使你的美妙計畫化為泡影。

先讓手指頭動起來

為了落實「我要做的事情」，要在第一時間讓手指頭動起來，去收集與目標有關的一切資料。如果你個人的目標是在半年內學會一支舞蹈，不妨馬上找一找培訓課程，看看哪個機構適合，或者搜尋一下這方面的教材。只有讓手指頭先動起來，才能啟動我們大腦中的潛能，並為潛意識輸入積極的命令。

加強行動的決心

「行動的決心」就像閨中待嫁的姑娘，怎樣把她牽引出來呢？如果你的興趣、喜好和目標是七個月內購買一輛 Land Rover 汽車，那麼你要準備充足的理由說服自己為此努力。

這並非意味著馬上去買，而是為接下來的行動儲備動機。例如，你可以嚴肅的對自己說：「擁有一輛 Land Rover 符合我當前的身分，也符合朋友圈的平均水準。」不要對有這些功利的動機感到羞愧。相較於懶惰和疏於行動的壞習慣，凡是能讓自己行動起來的「誘惑」，都有一定的合理性。

「明確的步驟」不可少

一份具備可行性的方案必須有「明確的步驟」。像是你設定好一年內要賺到美金五十萬元的目標，那麼你接下來要做的不是鑽進被窩去做夢，而是寫下未來一年內必須採取的步驟：

要賺到這筆錢不是一個輕鬆的目標，我應該向誰徵求意見？

我目前的工作是否可以實現這個目標，是不是需要兼職打工增加收入？

我是否應該節省開支，省下錢來投資？

我是否應該去建立新事業，並為此準備資源？

結合這些問題，你就會看到一個方案的雛形。你要一步步分析這些無法忽視的問題，並解決中間可能產生的每一個困惑。有可能一個環節沒有解決好，方案就失去可行性，計畫就無法進行。

用「想像」預先體驗成功的滋味

不要忘了，每天拿出一些時間來檢驗計畫，至少我們要體驗一下成功實現目標後的感受，用「想像成功」的美好體驗增加行動的勇氣。我建議你每天早上和晚上各花五分鐘時間，預先認真的體驗，增加樂觀的精神，增強意志力。

在這個過程中，你也要每隔兩週重新回顧一下，過去訂下的目標和正在執行中的方案，確定是否正常進行，是否達到預期目標。當你經常用積極的態度對待正在進行的工作，並樂觀的想像期盼美好未來時，我相信你全身上下都將散發出與以往截然不同的氣質。無論結果如何，你都能在這個努力的過程中獲得成長。

萬事起頭難，第一步最重要

萬事起頭難。沒錯，最關鍵的永遠都是第一步。我們要做成一件事情，邁出第一步總是格外艱難。因此，在你的方案中必須將「第一步」列為重點中的重點，詳細規畫如何成功的實施最前面的環節。只要第一步走好了，後面就會越來越順。我們不都說「好的開始，就是成功的一半」。

步驟② 關掉電子產品，集中火力

為什麼需要啟動「關掉電話」的訓練？因為我們普遍缺乏當機立斷的決心。由於捨不得離開當下「舒適」的生活，不想拔掉聽音樂的耳機，不想手機離開自己一秒鐘，我們的注意力就會轉移，就會錯過很多機會。這個訓練的核心思想是：你要讓自己適應一個沒有網路、電子設備的世界，即使過程只有三十分鐘。關掉所有的電子設備，然後集中全部精神，開始做計畫好的那些工作。我相信你會從這場短暫的訓練中，重新找到內心的寧靜。

用三分鐘排除雜念

在開始行動前，你要先用三分鐘時間清空自己的大腦。在這段時間內，排除所有與行動無關的雜念，把它們請出潛意識，留下與執行計畫和行動有關的想法。這時，你可以凝聚它們，甚至與其對話，那些塵封已久的夢想會問你：「主人，你什麼時候讓我變成現實？」

你要主動並且決絕的與「空想」說再見，因為每個成功者都是行動家、實作者，而不是「空想家」。每個真正賺到錢的人都是「實踐派」，他們從來都不是「理論派」。所以，你要將空想請出自己的大腦，開始聚焦留在腦海中的真實夢想。

暫時不碰電子三C

當一想到網路和電話將遠離自己時，你可能感到焦慮。但是，毫不猶豫關掉手機、平板電腦和一切能聯繫外界的設備，那又如何？我們的生命會因此停止嗎？並沒有。嘗試將所有能夠關閉的設備統統斷掉訊號，即使沒有正事可做，也要在這個寧靜的空間裡靜坐三十分鐘。這是為了訓練我們對於孤獨的耐受力，你一定會突然覺察到一些奇妙的變化：

「我的聽力變得敏捷了！」

「我的思考速度加快了，同時效率更高了！」

「我竟然想到兩年前做過的一份計畫，遺憾的是從來沒有實現過。」

「我有些惶恐，因為我意識到過去自己浪費了大量的時間！」

瞧，這就是顯而易見的好處。只有在完全封閉的寧靜空間裡，在徹底隔離手機、電腦等電子設備時，我們的大腦才會打開並釋放這些神奇的關注力。

第一次只要堅持三十分鐘

很少有人能在第一次就堅持八分鐘。在我們接近五千次的訓練經驗中，有七二%的人選擇在第五分鐘就打開手機，或者他們的手機並沒有真正關機，只是調到「飛行模式」。我不鼓勵這種自我欺騙的行為。即使很難堅持，我仍然希望在第一次進行這項訓練時，能讓自己擁有至少三十分鐘的寧靜時光，它所帶來的好處會在未來長時間的工作中體現出來。

步驟③ 戰勝事事追求完美的習慣

請反覆誦讀十九世紀女攝影家茱莉亞・瑪格麗特・卡梅隆的一段話：「完美主義其實是導致你止步不前的障礙。它是一個惡性循環，一個強迫你在所寫、所畫和所做的細節裡不能自拔、喪失全局觀念又使人精疲力竭的封閉式系統。」

沒錯，完美主義是一切清醒大腦、創造力和積極思考的敵人。它讓我們掉進追求精細而忽略全局的惡性循環，在將自己累死的同時還遺忘了快樂的本性。你要克服完美主義，做回真正的自己，從此不要再為自己付出的努力而感到困惑。

人生不是只有第一名

如果競爭的欲望太強烈，無論你處於何種形式的團隊或社會氛圍中，你都會是帶有偏執風格的完美主義者，至少在別人看來「你就是那個野心勃勃的人」。因此，請明智的訂定競爭策略，並且選擇合適的團隊。

在邁出第一步時，你就要對競爭表明態度，在腦海中抹掉之前自己經常嘮叨的一些話。例如：「你要追求絕對的成功，要超越所有人，否則就等同於失敗，你的人生將一無是處！」別再給自己類似的壓力，別再企圖在任何場合都要搶第一。有時候，你要想想就算是「第二名」或「第三名」也是不錯的結果。

馬上訂立一些規矩

畢竟我們沒辦法避免全部的競爭，這時候便要訂立一些足以使自己日夜恪守的規矩。例如，不要讓自己關注那些諸如「最優秀」「最富裕」「最能幹」等標榜最好的訊息。對完美主義者來說，這些訊息經常會刺激他們的神經，影響思考。這些訊息就像流著血的獵物，吸引你奔出叢林，和那些優秀的獵人競爭。

為何要這樣折磨自己？你要用鐵一般的紀律約束自己衝動的情緒，要讓自己的注意力集中在那些溫和而合理的目標上。針對自己的具體情況，你可以靈活的訂定原則，將追求完美的那些想法封存起來。

忘掉那些「不切實際的期望」

為何不列一份願望清單，然後撕掉它？仔細想想，自己在過去的數週、數月乃至數年間累積了多少不切實際的願望？我們有多少次在不眠的深夜仰望星空，嘴裡叨念著一些癡人說夢的奢想？這些目標就連傻瓜都知道完全不可能實現，但我們將其儲存在大腦重要區域，浪費了大量精神。

每隔一段時間就把這些「不切實際的願望」都寫在紙上，然後當天就對它們進行修改。修改的目的是畫掉其中「最有野心」和超出自己能力範疇的部分，從而使身心達到真正的自由，在正確的計畫上釋放自己的思考力。

慶祝失敗，哪怕偶爾慶祝一次

好吧，我不得不承認，「慶祝失敗」一定是這個世界上最難的一件事，就好像要你玩「自己摔下樓梯，還要爬起來拍手」的遊戲。但是，它意義非凡！如果有什麼方法能幫你快速克服完美主義，那就是從接受自己的失敗做起。在遇到挫折或被現實當頭澆了一盆冷水時，別急著發火，而是先大笑一次。

我認為，每次發生在你身上的「重大失誤」都值得慶賀一回。這是幫助你變得成熟的最佳途徑，能讓你更為清醒地看到自己的不足，以及應該站在哪個位置。我認為，一個不能接受並理解失敗的人，將很難真正實現自己的人生目標，也很難在漫長的歲月中表現出強悍的行動力。

步驟④ 別在最後關頭再奮力一搏了

「等一下再行動」的拖延心態會導致各種不合邏輯、甚至讓自己感到羞愧的行為發生，這幾乎成為現代人的一種通病，人們總是到最後一刻才行動，並宣稱這可以展現自己「短時間內的爆發力」。事實上，這正是銷磨我們的意志力和摧毀創造力的毀滅性行為模式。

克服拖延的關鍵不在於意識到拖延的危害，而是反省我們所制定的計畫是否合理。在這個過程中，自我懷疑和自我批判都是不必要的，你必須減輕阻礙行動的思想負擔，並降低計畫的難度，讓自己變得更有效率。

嘗試先從「小任務」做起

我不能排除有些人做事擅長「先難後易」，但「從易到難」是一個更為普遍的原則，它適用於大多數人。「從易到難」能大幅降低行動上的壓力。你可以從小的、優先順序低、風險較少的事情做起，邁出第一步，順利為此次行動建立成就感，打好前進的基礎。

但這並不意味著後面只做優先順序低、難度低的工作。「小任務」是一個很好的引子，它能引燃我們的激情，打起精神完成那些更重要的工作。在實際的指導中，我經常建議學員先為自己選擇一項重要的任務，但是在攻克那些較為輕鬆的工作前，先推遲做這項工作的時間。當其他低難度的工作為自己建立了成就感後，再來處理這件棘手的工作。

專注的滿足感是繼續的動力

我們已經證實：專注帶來的滿足感有利於戰勝那些頑固的拖延症。所以，不論你正在處理的事情是大或小，是緊急、重要還是無足輕重，都要專注於自己的思考，全神貫注做好眼下的工作，不同時思考其他事情。就算是很簡單的工作，只要能順利完成，也能讓你擁有非常愉悅的滿足感。

實踐技巧

從「想到」到「做到」，真的只要四步驟

□ 1.「想像成功」，預先體驗可以讓你更有勇氣

□ 2. 暫別電子產品和 3C，可以更聚精會神

□ 3.「慶祝失敗」，讓我們看清自己的缺失

□ 4.. 先從簡單開始進階，可以更快進入狀況

本書總複習

感謝您看完本書，闔上書頁前，
我們一起回想一下作者的叮嚀與提醒：

你，有沒有發過誓卻「從來沒有行動」的事件？
你，有沒有做過一些光想就讓人激動的計畫，不管是生活、情感、
事業上的目標，可能因此改變未來的人生？

其實每個人都曾經有過很多很棒的想法，
但 99% 的人想想就算了？

如果你曾經這樣想 ... → **如果你想要改變一下 ...** → **從想到到做到就是這麼簡單**

如果你曾經這樣想 ...

- □ 訊息多到恐慌症快發作
- □ 總是消極思考嚇自己
- □ 追求完美主義
- □ 拖延、發懶，愛找藉口
- □ 怕難怕失敗有顆玻璃心

如果你想要改變一下 ...

❶化繁為簡
❷減法思考
❸正面態度
❹不完美主義
❺別等萬事俱備
❻時間管理
❼告別畏難

從想到到做到就是這麼簡單

- □ 一份可立刻展開的行動方案
- □ 關掉電子產品，集中火力
- □ 戰勝事事追求完美的習慣
- □ 別在最後關頭再奮力一搏了

點亮新思維 01

為何我們總是想得太多，卻做得太少

——擊敗拖延、惰性、完美主義，讓行動力翻倍的高效習慣法則

作　　者 / 高　原
總 編 輯 / 李復民
責任編輯 / 陳瑤蓉
文字校對 / 呂佳真
封面設計 / 口米設計
美術編輯 / 口米設計、陳香郿
專案企劃 / 蔡孟庭、盤惟心

出　　版 / 遠足文化事業股份有限公司（發光體文化）
發　　行 / 遠足文化事業股份有限公司
地　　址 / 231023 新北市新店區民權路 108 之 2 號 9 樓
電　　話：(02) 2218-1417　傳真：(02) 8667-1065
電子信箱：service@bookrep.com.tw
網　　址：www.bookrep.com.tw
郵撥帳號：19504465 遠足文化事業股份有限公司

讀書共和國出版集團
社　　長 / 郭重興
發行人兼出版總監 / 曾大福
業務平台
總經理 / 李雪麗　副總經理 / 李復民
海外業務協理 / 張鑫峰　特販業務協理 / 陳綺瑩
實體業務經理 / 林詩富　專案企劃經理 / 蔡孟庭
印務經理 / 黃禮賢　印務主任 / 李孟儒

法律顧問 / 華洋法律事務所 蘇文生律師
印　　製 / 前進彩藝有限公司

2020年12月30日初版一刷　定價：360 元
2022年02月16日初版六刷　書號：2IGT0001
ISBN：978-986-98671-9-1

團體訂購請洽業務部 (02) 2218-1417 分機 1132、1520
讀書共和國網路書店 www.bookrep.com.tw

國家圖書館出版品預行編目 (CIP) 資料

為何我們總是想得太多，卻做得太少：擊敗拖延、惰性、完美主義，讓行動力翻倍的高效習慣法則 / 高原作 . -- 初版 . -- 新北市 : 遠足文化事業股份有限公司發光體 : 遠足文化事業股份有限公司發行 , 2020.12
面； 公分 . -- (點亮新思維 ; 1)
ISBN 978-986-98671-9-1(平裝)

1. 成功法 2. 生活指導

177.2 1090196